Chinesisch in 24 Stunden

汉语24小时

CBT China Book Trading GmbH

2009

Bearbeiter der Texte: Felix Wang
Abbildungen und Deckblatt-Layout: Li An
Lektoren: Zhang Genrui und Zhang Beizheng
Adresse: Max-Planck-Straße 6a, D-63322 Rödermark, Deutschland
Tel.: + 49/6074-95564; Fax: + 49/6074-95271
Internet: www.cbt-chinabook.de bzw. www.chinabook.de
e-Mail: post@cbt-chinabook.de
ISBN 978-3-9807692-4-2
Printed in China

Für Verbesserungsvorschläge und Korrekturen ist der Verlag dankbar. Bitte richten Sie sich an:
CBT China Book Trading GmbH, Max-Planck-Straße 6a, D-63322 Rödermark, Deutschland

目　录 INHALT

前　言　*Vorwort*

我也想学汉语，你能帮助我吗？***Ich auch wollen lernen Chinesisch, du können helfen ich?***

Zugegeben, die Wort-für-Wort-Übersetzung aus dem Chinesischen klingt mit ihren falschen deutschen Satzgebilden merkwürdig. Doch hat sich diese Methode, die wir in der Zeitschrift „China heute“ (vormals „China im Aufbau“) seit der Gründung der deutschen Ausgabe im Jahre 1978 konsequent beibehielten, außerordentlich bewährt. Wir wissen das von vielen Abonnenten, denen der Sprachkurs den Zugang zum Chinesischen leichter machte als manch anderes Lehrbuch. Und wir wissen es von vielen Benutzern des 1985 in dem Verlag „China heute“ erschienenen Lehrbuchs „Chinesisch in 24 Stunden“.

„Unser Lehrbuch“, so formulierten wir im Vorwort der 1985er Aufgabe unsere Hoffnung, „sollte damit eigentlich eine interessante Bereicherung der auf dem deutschen Buchmarkt vorhandenen Chinesischlehrbücher darstellen.“ Heute können wir sagen, dass sich diese Erwartung erfüllt hat. Immer wieder haben uns nicht nur Chinesisch-Anfänger und -Fortgeschrittene, sondern auch Lehrer zum Konzept dieses Sprachkurses beglückwünscht. Das ermutigte uns, einen Band mit 24 weiteren Lektionen aufzulegen.

Über die „direkte“ Übersetzung hinaus enthalten die Lektionen selbstverständlich die korrekte Übersetzung, damit der Text auch wirklich ganz verstanden wird. Und da einige der auftauchenden Wörter und Wendungen für den Anfänger nicht leicht in ihrem Gebrauch und ihrer Bedeutung zu erfassen sind, finden sich in jeder Lektion eine Liste solcher Vokabeln und festen Begriffe sowie Anmerkungen mit ausführlichen Verwendungsbeispielen und Bedeutungsnuancen. Schließlich kann der Lernende mittels kurzer Übungstexte nachprüfen, ob er alles verstanden hat.
Im Anschluss an die 24 Lektionen finden Sie in einem Anhang mehrere Lesetexte, die der Vertiefung des Gelernten dienen können, sowie ein alphabetisches Verzeichnis der in dem Buch vorkommenden Wörter.
Als Umschrift wird die standardisierte Hanyu-Pinyin-Transkription benutzt. Die chinesischen Schriftzeichen werden in der vereinfachten Version nach dem Stand der letzten Schriftreform (1977) verwendet.

第二版说明 *Zur 2. Auflage*

Bei der vorliegenden Auflage werden die Lektionen zum Teil neu bearbeitet, erneuert und ergänzt, während die bewährte Methode unangetastet bleibt. Da die Herausgabe der Zeitschrift „China heute“ seit 1998 eingestellt ist, wird die 2. Auflage im Auftrag der Firma CBT China Book Trading durchgeführt und herausgegeben.

汉 语 发 音 和 书 写
Chinesische Aussprache und Schrift

Die chinesische Schrift besteht aus Begriffszeichen, die keine Aussage über die Aussprache machen. Sie lassen sich erst korrekt aussprechen, wenn deren lateinische Umschrift mit einer phonetischen Notation versehen ist, z. B.: 施密特先生一家来中国工作、旅游，他们喜欢北京。(Die Schmidts kommen nach China, um zu arbeiten und zu reisen. Sie lieben Beijing.) Dieser Satz soll mit der lateinischen Umschrift so lauten: **Shīmìtè xiānsheng yìjiā lái Zhōngguó gōngzuò, lǚyóu, tāmen xǐhuan Běijīng.**

So sehen Sie, dass das phonetische Alphabet ein Mittel ist, um Chinesisch zu lernen. Es gibt im Chinesischen insgesamt 26 phonetische Laute, darunter sechs Vokale, alle übrigen sind Konsonanten. Jedes chinesische Schriftzeichen entspricht einer Silbe, und jede Silbe besteht aus einem Anlautkonsonanten und einem darauf folgenden Stammlautvokal, mit oder ohne Nasallaut, z. B.: 北京 **Běijīng.** **„B“** und **„j“** sind Anlautkonsonanten, **„ei“** und **„ing“** sind Stammlautvokale.

Eine Silbe braucht nicht unbedingt einen Anlautkonsonanten zu haben, aber der Stammlautvokal darf nicht fehlen. Eine Silbe ohne Anlautkonsonanten heißt Null-Anlautkonsonantensilbe.

Im Chinesischen gibt es 23 Anlautkonsonanten und 36 Stammlautvokale. Im untenstehenden Ausspracheführer des chinesischen phonetischen Alphabets dienen das internationale phonetische Alphabet und ähnliche deutsche Laute zur Andeutung der Aussprache.

(1) Die Anlautkonsonanten

C.P.A.[1]	I.P.A.[2]	Ähnliche deutsche Laute
b	[b]	**B**ad
p	[p‘]	**P**appel
m	[m]	**M**eile
f	[f]	**F**ahrt
d	[d]	**D**ach
t	[t‘]	**T**ag
n	[n]	**N**ame
l	[l]	**l**allen
g	[k]	Regen
k	[k‘]	**K**unst
h	[x]	**h**alten
j	[tɕ]	**J**eep
q	[tɕ ‘]	**ch**eer (englisch)
x	[ɕ]	i**ch**
zh	[tʂ]	**Dsch**ugel
ch	[tʂ‘]	deu**tsch**
sh	[ʂ‘]	**Sch**wert

r	[ʐ]	ein Laut zwischen **r** und dem **j** von **J**ournalist; die Zunge krümmt sich nach oben, ohne den Gaumen zu berühren
z	[ts]	Lan**ds**mann
c	[ts‘]	ste**ts**
s	[s]	Ki**s**te
y	[j]	**i**ch
w	[w]	**W**rack

(2) Die Stammlautvokale

C.P.A.[1]	**I.P.A.**[2]	**Ähnliche deutsche Laute**
a	[Ą]	V**a**ter
o	[o]	F**o**to
e	[ɣ]	Rud**er**
i	[i]	**i**hr
u	[u]	H**u**t
ü	[y]	f**ü**hlen
er	[ər]	Fieb**er**
ai	[ai]	K**ai**ser
ei	[ei]	**Eh**e
ao	[au]	R**au**m
ou	[ou]	Man spitzt den Mund zum **o**, geht dann sofort zum **u** über
an	[an]	Ka**nn**e

en	[ən]	Nam**en**
ang	[aŋ]	G**ang**
eng	[əŋ]	Die Silbe wird nasal gesprochen.
ong	[uŋ]	L**unge**
ia	[ia]	as**ia**tisch
ie	[iɛ]	**je**tzt
iao	[iau]	**Jau**che
iu	[iou]	**Ju**li
ian	[iæn]	**Jän**ner
in	[in]	**in**
iang	[iaŋ]	**Yang**tse-Fluss
ing	[iŋ]	F**inge**r (Die Stimmbänder vibrieren nicht beim **g**)
iong	[yŋ]	**jung**
ua *	[ua]	**W**ahrheit
uo *	[uo]	u + o **Wo**nne
uai *	[uai]	u + ai **weit**
ui *	[uei]	u + eh **we**ben
uan *	[uan]	u + a **wann**
un *	[uən]	u + n **wun**derbar
uang *	[uaŋ]	u + ang **Wange**
ueng	[uəŋ]	u + eng
üe **	[yɛ]	e + eh (Man geht vom **ü** sofort zu einem kurzen **e** wie in jeder über)
üan **	[yæn]	ü + an (Man geht vom **ü** sofort zu **an** über)

ün* *   yn   **grün**

Anmekrungen:

1. das chinesische phonetische Alphabet
2. das internationale phonetische Alphabet

* In den sieben Silben, die mit einem u beginnen, wird das **u** nur andeutungsweise mit ganz rundem Mund gesprochen, dann geht man sofort zu den folgenden Vokabeln über, die ganz kurz gesprochen werden. Die deutschen Beispiele geben die Aussprache nur annähernd wieder.

* * Wenn diese Silbe hinter **j**, **1**, **x**, **y** stehen, wird ein **ü** gesprochen, obwohl die ü-Pünktchen nicht geschrieben werden (Beispiel: **xue**, **yun**).

Im Chinesischen bringen die Tonhöhe und der Wechsel in der Tonhöhe bei Silben Bedeutungsunterschiede mit sich. Solche Tonhöhenkurven heißen „Töne". Im Hochchinesischen (Putonghua), das auf der Beijinger Aussprache des in Nordchina gesprochenen Dialekts und auf der Grammatik des modernen Chinesisch basiert, gibt es vier Töne, die durch folgende Zeichen gekennzeichnet werden:

ā 1. Ton, hoch und gleich bleibend,
á 2. Ton, ansteigend,
ǎ 3. Ton, fallend-ansteigend,
à 4. Ton, fallend.

Das Zeichen für den jeweiligen Ton wird über den Vokal gesetzt. Z. B.: 他 **tā** (er). Wenn es in einer Silbe mehr als einen Vokal gibt, wird das Zeichen über den Hauptvokal, bei dessen Aussprache der Mund größer aufgemacht wird und der die größere Lautstärke hat, gesetzt. z. B.:来**lái** (kommen), 做**zuò** (machen). Jedes Schriftzeichen hat seinen eigenen bestimmten Ton. Hier zwei Beispiele:

1.

1. Ton **ī**	2. Ton **í**	3. Ton **ǐ**	4. Ton **ì**
一	移	椅	译
yī	**yí**	**yǐ**	**yì**
(eins)	(verschieben)	(Stuhl)	(übersetzen)

2.

1. Ton **ō**	2. Ton **ó**	3. Ton **ǒ**	4. Ton **ò**
通	铜	桶	痛
tōng	**tóng**	**tǒng**	**tòng**
(durch)	(Bronze)	(Eimer)	(weh)

Es gibt außerdem manche Silben, die schwach und kurz ausgesprochen werden, also ohne Tonakzent. Da wird kein Tonzeichen gesetzt. z. B.: 先生**xiānsheng** (Herr); 喜欢**xǐhuan** (etwas gern haben).

Von den chinesischen Schriftzeichen, die eine Geschichte von über 3000 Jahren hinter sich haben und einige Zehntausende ausmachen, werden etwa 4000 häufig verwendet. 1964 wurden, um den Leuten das Schreiben und Lesen zu erleichtern, 2236 Zeichen vereinfacht, die wir bis heute unverändert gebrauchen.

Die meisten chinesischen Schriftzeichen sind eine Kombination von sinn- und lauttragenden Zeichenelementen, d. h. sie bestehen aus Sinnträger und Lautträger. z. B.: 花**huā** (Blume), 草**cǎo** (Gras), 芬芳**fēnfāng** (dufentend). Die Komponente "艹", die jedes dieser vier Zeichen besitzt, bedeutet Gras, ist also Sinnträger. "化"**huà**, "早"**zǎo**, "方" **fāng** und "分"**fēn** sind die Lautträger dieser vier Zeichen. Noch ein Beispiel: 泥**ní** (Schlamm), 湖**hú** (See), 河**hé** (Fluß) und 油 **yóu** (Öl). "氵" ist der Sinnträger, bedeutet Wasser. "尼"**ní**, "胡"**hú**, "可"**kě** und "由"**yóu** sind Lautträger.

Wenn man ein Zeichen kennen gelernt hat, kann man oft viele andere Zeichen aussprechen, die den gleichen Lautträger wie das erlernte Zeichen haben. Während die klangliche Aussprache aller sechs folgenden Begriffe gleich ist, differieren sie nur in bezug auf den Ton: die vier ersten liegen im 2. und die beiden letzten im 4. Ton油**yóu**, 铀**yóu**, 蚰**yóu**, 邮**yóu**, 柚**yòu**, 釉**yòu**.

Da die Asprache sich in ihrer langen Entwicklungsgeschichte geändert hat, geben viele Lautkompomnenten heute nur noch die ungefähre Aussprache an, z. B. 早**zǎo** und 草**cǎo**; 可**kě** und 河**hé**.

Die chinesischen Schriftzeichen sind mit festgelegten Strichen geschrieben. Man darf den Aufbau eines Zeichens nicht beliebig ändern, da sich sonst die Bedeutung ändert. z. B.: das Wort "大" **dà** bedeutet „groß". Wenn man ihm oben einen waagerechten Strich hinzufügt, bedeutet es dann „Himmel" (天**tiān**). Wenn man den oberen Schrägstrich "丶" im Wort "主" **zhǔ** (Gastgeber) nach unten versetzt， bedeutet das Wort “玉” **yù** dann „Jade“.

Die Schriftzeichen, egal, aus wie vielen Strichen sie zusammengesetzt sind, sollen beim Schreiben möglichst die gleiche Größe haben.

Alle Komponenten der Schriftzeichen werden mit folgenden Strichen geschrieben:

Strich **Name**

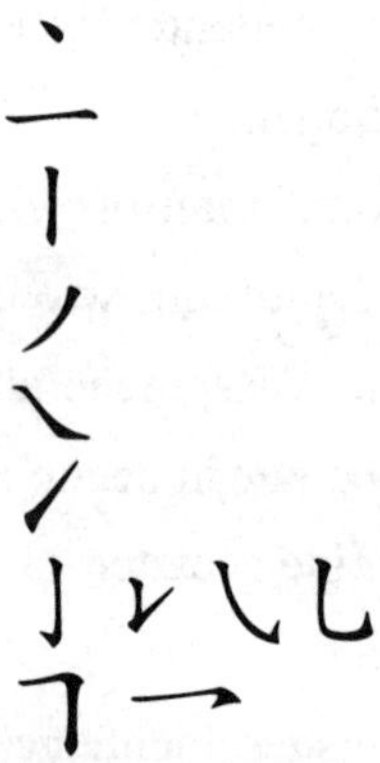

点 (**diǎn**) Schrägstrich

横 (**héng**) waagerechter Strich

竖 (**shù**) senkrechter Strich

撇 (**piě**) link-fallender Strich

捺 (**nà**) rechts-fallender Strich

提 (**tí**) hebender Strich

钩 (**gōu**) Strich mit einem Haken-Ende

折 (**zhé**) Strich mit einer Krümmung

Strichrichtung

Diese Striche sind im Wesentlichen gerade Linien und sollten nicht wie die lateinischen Buchstaben in Kurven geschrieben werden. Die Hauptrichtungen sind: von oben nach unten, von links nach rechts.

Zum Schreiben chinesischer Schriftzeichen gelten folgende Regeln der Strichordnung:

Beispiel	**Strichordnung**
十	十 十
人	人 人
三	三 三 三
州	州 州 州 州 州 州
月	月 月 月 月
四	四 四 四 四 四
小	小 小 小

Regel:

zuerst waagerecht, dann senkrecht;
zuerst links-fallend, dann rechts-fallend;
von oben nach unten;
von außen nach innen;
zuerst innen vollenden, dann schließen;
zuerst die Mitte, dann die beiden Seiten.

China ist ein Land mit vielen Nationalitäten, die jeweils ihre eigene Sprache und Schrift haben, wie z. B.: Mongolisch und Tibetisch. Chinesisch ist die Sprache der Han-Nationalität, die 90% der Gesamtbevölkerung Chinas ausmacht. Unter „Chinesisch“ 汉语 **hànyǔ** versteht man deshalb die Sprache der Han-Nationalität.

课　程　Lektionen

Lektion 1

认　识
Rènshi
Kennen lernen

I. Gespräch:

A: 您　好！
Nín hǎo!
Sie gut

B: 您　好！　您　是……
Nín hǎo!　Nín shì……
Sie gut　Sie sein …

A: 我　姓　施密特，这　是　我　的
Wǒ xìng Shīmìtè, zhè shì wǒ de
ich heißen Schmidt dies sein ich (*Strukturpartikel*)
妻子。
qīzi.
Frau

B: 我　姓　米勒。　认识　您　很　高兴。
Wǒ xìng Mǐlè.　Rènshi nín hěn gāoxìng.
ich heißen Müller kennen lernen Sie sehr sich freuen

A: 我 也 很 高兴。
Wǒ yě hěn gāoxìng.
ich auch sehr sich freuen

B: 请 坐！
Qǐng zuò!
bitten sich setzen

A: 谢谢！
Xièxie!
danken

B: 请 喝 茶！抽烟 不 抽烟？
Qǐng hē chá! Chōuyān bù chōuyān?
bitten trinken Tee rauchen nicht rauchen

A: 谢谢！我 不 会。
Xièxie! Wǒ bú huì.
danken ich nicht mögen

B: 这 位 是 您 的 夫人 吗？
Zhè wèi shì nín de fūren ma?
dies (*Zählwort*) sein Sie (*Strukturp.*) Frau (*Fragepartikel*)

A: 不 是。她 是 我 的 朋友。她 也 是 德国人。
Bú shì. Tā shì wǒ de péngyou. Tā yě shì déguórén.
nicht sein sie sein ich (*SP.*) Freund(in) sie auch sein Deutsche(r)

B: 对 不 起。
Duì bu qǐ.
Entschuldigung

A: 没 关 系。
Méi guānxi.
kein Belang

Übersetzung:

A: Guten Tag!

B: Guten Tag! Sie sind …

A: Ich heiße Schmidt. Dies ist meine Frau.

B: Ich heiße Müller. Freut mich, Sie kennen zu lernen.

A: Freut mich auch.

B: Bitte nehmen Sie Platz!

A: Danke.

B: Bitte trinken Sie Tee. Rauchen Sie?

A: Danke nein. Ich rauche nicht.

B: Ist dies Ihre Frau?

A: Nein. Sie ist meine Freundin. Sie kommt auch aus Deutschland.

B: Entschuldigung.

A: Bitte sehr.

II. Vokabeln:

认识	**rènshi**	kennen lernen;kennen
您	**nín**	Sie
是	**shì**	sein
我	**wǒ**	ich
姓	**xìng**	heißen
这	**zhè**	dies, das
的	**de**	*(Strukturpartikel; Hilfspartikel)*
妻子	**qīzi**	Frau, Ehefrau
很	**hěn**	sehr
高兴	**gāoxìng**	sich freuen
也	**yě**	auch
请	**qǐng**	bitte; bitten
坐	**zuò**	Platz nehmen, sich setzen
谢谢	**xièxie**	danke; danken
喝	**hē**	trinken
茶	**chá**	Tee
抽烟	**chōuyān**	rauchen
不	**bù** (bzw. **bú**)	nicht
会	**huì**	können; mögen
位	**wèi**	*(Zählwort für Personen)*
夫人	**fūren**	Frau; Ehefrau
吗	**ma**	*(Fragepartikel)*
她	**tā**	sie
朋友	**péngyou**	Freund(in)
德国人	**déguórén**	Deutsche(r)

对不起	**duì bù qǐ**	Entschuldigung
没关系	**méi guānxi**	Das macht nichts.

III. Erläuterungen:

1. Die verneinende Form des Verbs “是” **shì** (sein) ist “不是” **bú shì** (nicht sein). “不” ist Adverb, bedeutet „nicht“, z. B. “我不是施密特。” **Wǒ bú shì Shīmìtè.** (Ich bin nicht Schmidt.)

2. Es gibt einige Möglichkeiten, Fragesätze zu bilden. Im folgenden zwei Beispiele:

a) Man setzt am Ende eines Aussagesatzes die Modalpartikel “吗” **ma**, z. B.: “您是施密特吗？” **Nín shì Shīmìtè ma?** (Sind Sie Schmidt?); “您喝茶吗？” **Nín hē chá ma?** (Trinken Sie Tee?); “您认识他吗？” **Nín rènshi tā ma?** (Kennen Sie ihn?)

b) Man setzt hinter dem Prädikat eines Aussagesatzes das Adverb “不”und das selbe Prädikat, z. B.: “您是不是施密特？”**Nín shì bu shì Shīmìtè?** (Sind Sie Schmidt oder nicht?); “您喝不喝茶？” **Nín hē bu hē chá?** (Trinken Sie Tee oder nicht?); “您认识不认识他？” **Nín rènshi bu rènshi tā?** (Kennen Sie ihn oder nicht?)

3. Wenn Nomen, Pronomen oder Adjektive die Rolle des Attributs spielen, folgt ihnen normalerweise die Strukturpartikel “的”, z. B.: “他是我的朋友。” **Tā shì wǒ de péngyou.** (Er ist meine Freund.); “她是施密特的夫人。” **Tā shì Shīmìtè de fūren.** (Sie

ist die Frau von Schmidt.)Wenn kein Mißverständnis entsteht, kanndie Strukturpartikel“的”entfallen, z. B.: “他是我朋友。” **Tā shì wǒ péngyou**. (Er ist mein Freund.); “她是我妻子。” **Tā shì wǒ qīzi**. (Sie ist meine Frau.)

4. In der Chinesischen Grammatik findet man für den Begriff Possesivpronomen keine entsprechende Bezeichnung. Ein „Possesivpronom“ besteht also aus einem Pronomen und der Strukturpartikel“的”, z. B.: “我的”**wǒ de** (mein),“您的”**nín de** (Ihr),“他的”**tā de** (sein) und“她的”**tā de** (ihr).

IV. Übungen:

1. Setzen Sie ein:

a). 他是我的朋友。**Tā shì wǒ de péngyou.** (Er ist mein Freund.)

秘书	丈夫	儿子
mìshū	**zhàngfu**	**érzi**
(Sekretär)	(Mann, Ehemann)	(Sohn)

b). 施密特的朋友是奥地利人。**Shīmìtè de péngyou shì àodìlìrén.** (Schmidts Freund ist Österreicher.)

中国人	德国人	卢森堡人	瑞士人
Zhōngguórén	**Géguórén**	**Lúsēnbǎorén**	**Ruìshìrén**
(Chinese)	(Deutscher)	(Luxemburger)	(Schweizer)

c). 我不抽烟。**Wǒ bù chōuyān.** (Ich rauche nicht.)

喝茶	喝咖啡	喝橙汁
hē chá	**hē kāfēi**	**hē chéngzhī**
(Tee trinken)	(Kaffee trinken)	(Orangensaft trinken)

2. Bilden Sie mit folgenden Wörtern Fragesätze und beantworten Sie diese bejahend und verneinend, z. B.: 朋友 **péngyou** (Freund):

他是您的朋友吗？**Tā shì nín de péngyou ma?** (Ist er Ihr Freund?)

他是不是您的朋友？**Tā shì bú shì nín de péngyou?** (Ist er Ihr Freund oder nicht?)

他不是我的朋友，是米勒的朋友。**Tā bú shì wǒ de péngyou, shì Mǐlè de péngyou.** (Er ist nicht mein Freund, er ist Müllers Freund.)

a) 秘书**mìshū** (Sekretär) b) 同事**tóngshì** (Kollege)

V. Wir lernen schreiben:

你	你	你	你	你	你	你	你	
好	好	好	好	好	好	好		
中	中	中	中	中				
国	国	国	国	国	国	国	国	国

Lektion 2

打 电 话
Dǎ Diànhuà
Telefonieren

I. Gespräch:

A: 请 问，北京 饭店 电话 号码 是
Qǐng wèn, Běijīng fàndiàn diànhuà hàomǎ shì
bitten fragen Beijing Hotel Telefon Nummer sein

多 少？
duōshao?
wie viel

B: 总 机 是 6 5 1 3 7 7 6 6。
Zǒngjī shì liù wǔ yāo sān qī qī liù liù。
Zentrale sein sechs fünf eins drei sieben sieben sechs sechs

A: 谢 谢！
Xièxie！ xièxie! xiéxie! xiétie
Danke

B: 不 客气。
Bú kèqi。 Bü kégio
nicht höflich

A: 喂， 是 北京 饭 店 吗？
Wèi, shì Běijīng fàndiàn ma?
hallo sein Beijing Hotel *(Fragepartikel)*

B: 是，您 好，您 要 哪儿？
Shì, nín hǎo, nín yào nǎr?
sein Sie gut Sie wollen wo

A: 我 要 服务台。
Wǒ yào fúwùtāi.
ich wollen Rezeption

B: 对 不 起， 占 线， 请 您 一会儿
Duì bu qǐ, zhàn xiàn, qǐng nín yīhuir
Entschuldigung besetzt bitten Sie einen Moment
再 打。
zài dǎ.
wieder anrufen

* * *

A: 喂， 是 服务台 吗？
Wèi, shì fúwùtāi ma?
hallo sein Rezeption *(Fragepartikel)*

B: 我 是。您 找 谁？
Wǒ shì. Nín zhǎo shuí?
ich sein Sie suchen wer

A: 请 您 找 一下 施密特 先 生。
Qǐng nín zhǎo yī xià Shīmìtè xiānsheng.
bitten Sie suchen einmal Schmidt Herr

B: 他 住 几 号 房 间?
Tā zhù jǐ hào fángjiān?
er wohnen welche Nummer Zimmer

A: 8 2 4 9 房 间。
Bā èr sì jiǔ fángjiān.
acht zwo vier neun Zimmer

B: 请 稍 等!
Qǐng shāo děng!
bitten ein wenig warten

A: 谢 谢!
Xièxie!
Danke!

B: 对 不 起。 他 已经 走 了。
Duì bu qǐ. Tā yǐjing zǒu le.
Entschuldigung er schon gehen *(Finalpartikel)*

Übersetzung:

A: Bitte, wie ist die Telefonnummer des Beijing Hotels?
B: Die Nummer der Auskunft ist 6513 7766.
A: Danke.
B: Bitte.
A: Hallo, ist dort das Beijing Hotel?
B: Ja. Guten Tag! Sie wünschen?
A: Ich hätte gern mit der Rezeption gesprochen.
B: Leider ist sie besetzt. Rufen Sie bitte etwas später wieder an.

*   *   *

A: Hallo, Rezeption?

B: Ja. Wen möchten Sie sprechen?

A: Ich möchte gern mit Herrn Schmidt sprechen.

B: Welche Zimmernummer hat er?

A: Zimmer 8249.

B: Augenblick bitte.

A: Danke!

B: Entschuldigung. Er ist schon verreist.

II. Vokabeln:

打电话	**dǎ diànhuà**	anrufen; telefonieren
电话	**diànhuà**	Telefon
请问	**qǐngwèn**	Gestatten Sie eine Frage
北京饭店	**Běijīng fàndiàn**	Beijing Hotel
电话号码	**diànhuà hàomǎ**	Telefonnummer
多少	**duōshǎo**	wie viel
总机	**zǒngjī**	Telefonzentrale
六 (6)	**liù**	sechs
五 (5)	**wǔ**	fünf
一 (1)	**yāo**	eins
三 (3)	**sān**	drei
七 (7)	**qī**	sieben
不客气	**bú kèqi**	nichts zu danken, keine Ursache
喂	**wèi**	hallo

要	**yào**	wollen; möchten; müssen
哪儿	**nǎr**	wo
服务台	**fúwùtāi**	Rezeption
占线	**zhànxiàn**	besetzt
一会儿	**yīhuìr**	einen Moment
再	**zài**	wieder; nochmals
打（电话）	**dǎ (diànhuà)**	anrufen; telefonieren
找	**zhǎo**	suchen; ansprechen
谁	**shuí**	wer
一下	**yīxià**	einmal
先生	**xiānsheng**	Herr
他	**tā**	er
住	**zhù**	wohnen
几	**jǐ**	wie viel; welche; einige
号	**hào**	Nummer
房间	**fángjiān**	Zimmer
八 (8)	**bā**	acht
二 (2)	**èr**	zwei, zwo
四 (4)	**sì**	vier
九 (9)	**jiǔ**	neun
稍	**shāo**	ein wenig, ein bisschen, etwas
等	**děng**	warten
已经	**yǐjing**	schon; bereits
走	**zǒu**	gehen; fortgehen,
了	**le**	*(Finalpartikel)*

III. Erläuterungen:

1. Der Schlusspartikel "了" **le** ist Zeichen der Vergangenheit, z. B.: "他吃早餐了。" **Tā chī zǎocān le.** (Er hat gefrühstückt.) "他出去了。" **Tā chūqù le.** (Er ist rausgegangen.) Die verneinende Form des Wortes bildet man, indem vor das Verb "没[有]" setzt und das "了" ausstreicht, z. B.: "他没[有]吃早餐。" **Tā méi [yǒu] chī zǎocān.** (Er hat nicht gefrühstückt.) Die fragende Form bildet sich wie folgt: "他吃早餐了吗？" **Tā chī zǎocān le ma?**(Hat er gefrühstückt?) "他出去了吗？" **Tā chūqù le ma?** (Ist er rausgegangen?) oder "他出去了没有？" **Tā chūqù le méiyǒu?**(Ist er rausgegangen oder nicht?) "他吃早餐了没有？" **Tā chī zǎocān le méiyǒu?**(Hat er gefrühstückt oder nicht?) Die in eckigen Klammern stehenden Wörter können weggelassen werden, im folgenden Lektionen ebenso.

2. Das Zahlwort "一" **yī** (eins) wird beim Telefonieren oft als **yāo** ausgesprochen, z. B.: 6275 6114. **liù èr qī wǔ liù yāo yāo sì.**

VI. Übungen:

1. Setzen Sie ein:
   a) 请问，<u>北京大学</u>的电话号码是多少？
   (您；米勒先生办公室**bàngǒngshì** Büro；施密特先生房间)
   b) 请您找一下<u>施密特先生</u>。
   (米勒先生；施密特先生的夫人；米勒先生房间)
   c) 您<u>吃早餐</u>了吗？我<u>吃早餐</u>了。我没<u>吃早餐</u>。
   (打电话；喝咖啡；去北京；出去；休息 **xiūxì** eine Rast

machen；去旅行 **qū lǚxíng** auf Reisen gehen；去办公室 **qù bàngōngshì** ins Büro gehen)

2. Ergänzen Sie folgende Sätze:

a) A: 昨天您去哪儿了？(昨天 **zuótiān** gestern)

B: ____________________。

b) A: ____________________。

B: 我没去米勒先生办公室。

c) A: 施密特先生去旅行了没有?

B: ____________________。

d) A: ____________________。

B: 星期日我没去北京饭店。(星期日 **xīngqīrì** Sonntag)

V. Wir lernen schreiben:

要	要	要	要	要	要	要	要	要	要
打	打	打	打	打	打	打	打	打	打
电	电	电	电	电	电	电	电	电	电
话	话	话	话	话	话	话	话	话	话

Lektion 3

去银行
Qù Yínháng
Zur Bank gehen

I. Gespräch:

A: 我 要 去 银行，您 想 去
Wǒ yào qù yínháng, nín xiǎng qù
ich wollen gehen Bank Sie möchten gehen

吗？
ma?
(Fragepartikel)

B: 去，我 也 想 换 钱。
Qù, wǒ yě xiǎng huàn qián.
gehen ich auch möchten wechseln Geld

A: 我们 一起 去 吧！
Wǒmen yìqǐ qù ba!
wir zusammen gehen *(Schlusspartikel)*

B: 先生，我们 要 换 钱。
Xiānsheng, wǒmen yào huàn qián.
Herr wir wollen wechseln Geld

C: 换 什么 钱?
Huàn shénme qián?
wechseln was für (ein) Geld

A: 人民币。
Rénmínbì.
Renminbi

C: 用 什么 币种 换?
Yòng shénme bìzhǒng huàn?
Mit was für (ein) Geldsorte wechseln

B: 欧元。今天 欧元 对 人民币 的
Ōuyuán. Jīntiān ōuyuán duì rénmínbì de
Euro heute Euro zu Renminbi *(Strukturpartikel)*
兑换率 是 多少?
duìhuànlǜ shì duōshao?
Wechselkurs sein wie viel

A: 1 比 10.38。(读作: 十 点 三 八) 您 想
1 bǐ 10.38. (dúzuò: shí diǎn sān bā) Nín xiǎng
1 zu 10,38 gelesen: zehn Punkt drei acht Sie möchten
换 多少?
huàn duōshao?
wechseln wie viel

A: 我 要 换 二 百 五十 欧元。
Wǒ yào huàn èr bǎi wǔshí ōuyuán.
ich wollen wechseln zwei hundert fünfzig Euro

B: 我 也 换 二 百 五十 欧元。
Wǒ yě huàn èr bǎi wǔshí ōuyuán.
ich auch wechseln zwei hundert fünfzig Euro

C: 请 您 出示 您 的 证 件！
Qǐng nín chūshì nín de zhèngjiàn!
bitten Sie zeigen Sie *(Strukturpartikel)* Ausweis

A: 欧 元 和 我 的 护照 都 在 这里。
Ōuyuán hé wǒ de hùzhào dōu zài zhèlǐ.
Euro und ich *(SP.)* Reisepass all sein hier

C: 二 百 五十 欧元 可 兑换 人民币
Èr bǎi wǔshí ōuyuán kě duìhuàn rénmínbì
zwei hundert fünfzig Euro können wechseln Renminbi
两 千 五 百 九十五 块（元）。
liǎng qiān wǔ bǎi jiǔshíwǔ kuài (yuán).
zwei tausend fünf hundert fünf und neunzig Kuai (Yuan)
请 您 在 这里 签字 并 点 一下。
Qǐng nín zài zhèlǐ qiānzì bìng diǎn yí xià.
bitten Sie an hier unterschreiben und zählen einmal

A: 对 了， 谢谢！ 再 见！
Duì le, xièxie ! Zàijiàn !
richtig danken auf Wiedersehen

C: 不 客气， 再 见！ 请 下 一 位！
Bú kèqi, zàijiàn! Qíng xià yí wèi!
nicht höflich auf Wiedersehen bitten nächst eins *(Zählwort)*

B: 这 里 是 我 的 钱 和 护 照。
Zhèlǐ shì wǒ de qián hé hùzhào.
hier sein ich *(Strukturpartikel)* Geld und Reisepass

C: 也 请 您 在 兑换单 上 签 字。
Yě qǐng nín zài duìhuàndān shàng qiānzì.
auch bitten Sie auf Wechselbeleg oben unterschreiben

B: 好 的。
Hǎo de.
gut *(Hilfspartikel)*

C: 这 是 您 的 钱 和 证 件。 再 见!
Zhè shì nín de qián hé zhèngjiàn. Zàijiàn
das sein Sie *(SP.)* Geld und Ausweis auf Wiedersehen

B: 再 见!
Zàijiàn
auf Wiedersehen

Übersetzung:

A: Ich will zur Bank gehen. Möchten Sie mit?

B: Ja. Ich möchte auch Geld wechseln.

A: Gehen wir zusammen!

B: Mein Herr, wir wollen etwas Geld wechseln.

C: In welche Währung?

A: Renminbi.

C: Mit welchem Geld?

A: Euro. Wie hoch ist der Wechselkurs zwischen Euro und Renminbi heute?

C: Eins zu zehn Komma acht und dreißig. Wie viel möchten Sie wechseln?

A: Zwei hundert fünfzig Euro.

B: Ich möchte auch zwei hundert fünfzig Euro wechseln.

C: Zeigen Sie bitte Ihren Ausweis!

A: Euro und mein Reisepass sind alle hier.

C: Zwei hundert fünfzig Euro sind gleich zwei tausend fünf hundert fünf und neunzig Kuai (Yuan). Bitte unterschreiben Sie hier und zählen es mal nach.

A: Richtig. Danke! Auf Wiedersehen!

C: Gern geschehen. Auf Wiedersehen! Der nächste bitte!

B: Hier sind mein Geld und Reisepass.

C: Bitte unterschreiben Sie auch auf dem Wechselbeleg.

B: OK.

C: Hier sind Ihr Geld und Ausweis. Auf Wiedersehen!

B: Auf Wiedersehen!

II. Vokabeln:

去	**qù**	gehen
银行	**yínháng**	Bank
想	**xiǎng**	möchten
换（钱）	**huàn (qián)**	(Geld) wechseln
钱	**qián**	Geld
我们	**wǒmen**	wir
一起	**yìqǐ**	zusammen
吧	**ba**	*(Schlusspartikel)*
什么	**shénme**	was; was für (ein)
人民币	**rénmínbì**	Renminbi (Währung in China)
用	**yòng**	mit
币种	**bìzhǒng**	Währungssorte, Geldsorte
欧元	**ōuyuán**	Euro

对	**duì**	zu; richtig
兑换率	**duìhuànlǜ**	Wechselkurs
比	**bǐ**	zu
读	**dú**	lesen (读作**dúzuò** gelesen als)
十 (10)	**shí**	zehn
点	**diǎn**	Punkt; zählen
百 (100)	**bǎi**	hundert
五十(50)	**wǔshí**	fünfzig
出示	**chūshì**	zeigen
证件	**zhèngjiàn**	Ausweis
护照	**hùzhào**	Reisepass
都	**dōu**	all
在	**zài**	sein
这里	**zhèlǐ**	hier
可	**kě**	können; sehr; aber
兑换	**duìhuàn**	umwechseln
千 (1000)	**qiān**	tausend
九十五(95)	**jiǔshíwǔ**	fünfundneunzig
块	**kuài**	Yuan; Stück
元	**yuán**	Yuan (Einheit der chin. Währung)
签字	**qiānzì**	unterschreiben
并	**bìng**	und
再见	**zàijiàn**	auf Wiedersehen
下	**xià**	unten; nächst
在...上	**zài ... shàng**	auf
兑换单	**duìhuàndān**	Wechselbeleg

III. Erläuterungen:

1. Die Modalverben “要” **yào** (wollen), “想” **xiǎng** (möchten), “会” **huì** (können; mögen), “可以” **kěyǐ** (können; dürfen) stehen meist vor dem Verb und Adjektiv und bringen Forderungen, Wünsche, Möglichkeiten bzw. Sollen zum Ausdruck, z. B.:

Bejahende Form:

我要换钱。(Ich will Geld wechseln.)

我想去银行。(Ich möchte zur Bank gehen.)

我会说汉语。(Ich kann Chinesisch sprechen.)

现在可以抽烟。(Jetzt darf man rauchen.)

Verneinende Form:

我不要换钱。(Ich will kein Geld wechseln.)

我不想去银行。(Ich möchte nicht zur Bank gehen.)

我不会说汉语。(Ich kann kein Chinesisch sprechen.)

现在不可以抽烟。(Jetzt darf man nicht rauchen.)

2. Chinesische Währungseinheiten: “元” **(yuán)**, “角” **(jiǎo)**, “分” **(fēn)**; mündlich werden sie ebenfalls genannt: “块” **(kuài)**, “毛” **(máo)**, “分” **(fēn)**, z. B.:

2.00 yuan = zwei yuan = zwei kuai

0.20 yuan = zwei jiao = zwei mao

1.25 yuan = ein yuan zwei jiao fünf fen = ein kuai zwei mao fünf fen

27.20 yuan = sieben und zwanzig yuan zwei jiao = sieben und zwanzig kuai zwei mao

16.04 yuan = sechzehn yuan vier fen = sechzehn kuai vier fen

IV. Übungen:

1. Setzen Sie ein:

   我要换钱。（喝咖啡；吃饭；休息；打电话；去北京；去旅行；去办公室）

2. Beantworten Sie Fragen:

   a) 您想喝点儿什么？（茶；咖啡；矿泉水）
   b) 您要去哪儿？（银行；办公室；北京饭店）

3. Ergänzen Sie mit folgenden Modalverben “要”，“想”，“会” und “可以” folgende Sätze:

   a) 我现在 ____ 去银行。
   b) 我的夫人 ____ 喝茶。
   c) 您 ____ 说汉语。(说**shuō** sprechen)
   d) 这里不 ____ 抽烟。

4. Versuchen Sie, folgende Sätze schnell auszusprechen:

   0.22 元, 7.50 元, 3.20 元, 8.43 元, 12.02 元

V. Wir lernen schreiben:

我	我 我 我 我 我 我 我
想	想 想 想 想 想 想 想 想 想 想 想 想 想
换	换 换 换 换 换 换 换 换 换 换
钱	钱 钱 钱 钱 钱 钱 钱 钱 钱 钱

Lektion 4

吃饭
Chīfàn
Essen

I. Gespräch:

A:	您	好！	您	吃	点儿	什么？
	Nín	**hǎo!**	**Nín**	**chī**	**diǎnr**	**shénme?**
	Sie	gut	Sie	essen	ein bisschen	was

B:	这	是	什么	菜？
	Zhè	**shì**	**shénme**	**cài?**
	Dies	sein	was für (ein)	Speise

A:	青椒	肉丁。
	Qīngjiāo	**ròudīng.**
	grüne Paprikaschote	Fleischwürfel

B:	很	辣	吗？
	Hěn	**là**	**ma?**
	sehr	scharf	*(Fragepartikel)*

A:	不	太	辣。
	Bú	**tài**	**là.**
	nicht	sehr	scharf

B: 有 不 辣 的 菜 吗?
Yǒu bú là de cài ma?
haben nicht scharf *(Strukturp.)* Speise *(Fragepartikel)*

A: 有 茄汁 大虾、熘 鱼片、
Yǒu qiézhī dàxiā, liū yúpiàn,
haben Tomatensause Garnele, sautieren Fischscheiben
芹菜 肉丝 ……
qíncài ròusī ......
Sellerie Fleischstreifen ...

B: 要 一 个 茄汁 大虾 和 一
Yào yí gè qiézhī dàxiā, hé yí
wollen eins *(Zählwort)* Tomatensoße Garnele und eins
个 芹菜 肉丝。
gè qíncài ròusī.
(Zählwort) Sellerie Fleischstreifen

A: 还 要 点儿 什么?
Hái yào diǎnr shénme?
noch wollen ein bisschen was

B: 有 没有 饺子?
Yǒu méiyǒu jiǎozi?
haben nicht haben Jiaozi (chinesische Ravioli)

A: 对不起, 没有。有 米饭。
Duì bu qǐ, méiyǒu. Yǒu mǐfàn.
Entschuldigung nicht haben haben Reis

B: 要 两 份 米饭, 还 要 一 瓶
Yào liǎng fèn mǐfan, hái yào yì píng
wollen zwei Portion Reis noch wollen eins Flasche

北京　啤酒。
Běijīng　píjiǔ.
Beijing　Bier

A:　还　要　别的　吗？
Hái　yào　biéde　ma?
noch　wollen　andere　*(Fragepartikel)*

B:　不　要　了，　谢谢。
Bú　yào　le,　xièxie.
nicht　wollen　*(Finalpartikel)*　danken

A:　中国　菜　怎么样？
Zhōngguó　cài　zěnmeyàng?
Chinesisch　Speise　wie

B:　很　好　吃。
Hěn　hǎo　chī.
sehr　gut　essen

A:　啤酒　味道　怎么样？
Píjiǔ　wèidao　zěnmeyàng?
Bier　Geschmack　wie

B:　味道　好　极　了。
Wèidào　hǎo　jí　le.
Geschmack　gut　außerordentlich　*(Finalpartikel)*

Übersetzung:

A: Guten Tag! Was wollen Sie bestellen?

B: Was ist das für eine Speise?

A: Gebratene Schweinefleischwürfel mit grünen Paprikaschoten.

B: Ist das sehr scharf?

A: Nein, nicht sehr scharf.

B: Gibt es Gerichte, die nicht scharf sind?

A: Es gibt Garnelen in Tomatensoße und sautiertes Fischfilet, gebratene Fleischstreifen mit Sellerie ...

B: Bitte eine Portion Garnelen in Tomatensoße und eine Portion Fleischstreifen mit Sellerie.

A: Außerdem?

B: Gibt es Jiaozi?

A: Leider nein. Es gibt Reis.

B: Dann zwei Portionen Reis und eine Flasche Beijing-Bier.

A: Sonst noch etwas?

B: Nein, danke.

A: Wie schmecken die chinesischen Speisen?

B: Sehr gut.

A: Und wie schmeckt das Bier?

B: Es schmeckt ausgezeichnet.

II. Vokabeln:

吃饭	**chīfàn**	essen
吃	**chī**	essen
菜	**cài**	Speise; Gericht
青椒肉丁	**qīngjiāo ròudīng**	Fleischwürfel mit Paprikaschoten

辣	**là**	scharf
有	**yǒu**	haben; es gibt
茄汁大虾	**qiézhī dàxiā**	Garnelen in Tomatensoße
熘鱼片	**liū yúpiàn**	sautiertes Fischfilet
芹菜肉丝	**qíncài ròusī**	Fleischstreifen mit Sellerie
个	**gè**	Stück *(Zählwort)*
和	**hé**	und
还	**hái**	noch
没有	**méiyǒu**	nicht haben; es gibt nicht
饺子	**jiǎozi**	Jiaozi (chinesische Ravioli)
米饭	**mǐfàn**	Reis
两	**liǎng**	zwei
份	**fèn**	Portion
瓶	**píng**	Flasche
北京啤酒	**Běijīng píjiǔ**	Beijing Bier
别的	**biéde**	andere
中国	**Zhōngguó**	China; chinesisch
怎么样	**zěnmeyàng**	wie
啤酒	**píjiǔ**	Bier
味道	**wèidao**	Geschmack
好	**hǎo**	gut
极	**jí**	außerordentlich

III. Erläuterungen:

1. Als Prädikat hat das Verb “有” **yǒu** (haben) die verneinende Form “没有” **méiyǒu** (nicht haben), z. B.: “没有饺子。”

Méiyǒu jiǎozi. (Es gibt keine Jiaozi.); “没有咖啡。” **Méiyǒu kāfēi.** (Es gibt keinen Kafee.)

2. Im Chinesischen können Adjektive als Prädikat dienen, z. B.: “这个菜辣。” **Zhè gè cài là.** (Diese Speise ist scharf.)

3. Fragesätze sind auch mit Fragepronomen zu bilden wie “您吃点儿什么？” **Nín chī diǎnr shénme?** (Was wollen Sie bestellen?) “这个菜怎么样？” **Zhè gè cài zěnmeyàng?** (Wie schmeckt diese Speise?)

4. Vor Zahleinheitswörtern wird meist statt “二” **èr** (zwei) “两” **liǎng** (zwei) verwendet, z. B.: “两杯咖啡” **liǎng bēi kāfēi** (zwei Tassen Kaffee), “两个朋友” **liǎng gè péngyou** (zwei Freunde) und “两瓶啤酒” **liǎng píng píjiù** (zwei Flaschen Bier).

IV. Übungen:

1. Setzen Sie ein:

   a) 有饺子吗？（米饭、可口可乐 **kěkǒu kělè** Coca Cola、橙汁、矿泉水**kuàngquánshuǐ** Mineralwasser、啤酒）

   b) 来一个青椒肉丁。（个　熘　鱼片、瓶啤酒、杯**bēi** Tass 咖啡、份　米饭）

   c) 这个菜很辣。（不辣、不太辣、辣极了、很好吃、不好吃、味道好极了）

2. Bitte antworten Sie auf folgende Fragen bejahend und verneinend:

   a) 有没有咖啡？

b) 您要不要饺子？
c) 这个菜怎么样？
d) 还要别的吗？

3. Ergänzen Sie die folgenden Dialoge:

A: ________________________________?
B: 要一杯咖啡。
A: ________________________________?
B: 不要了。
A: ________________________________?
B: 味道好极了。

V. Wir lernen schreiben:

这	这 这 这 这 这 这 这
是	是 是 是 是 是 是 是 是 是
什	什 什 什 什
么	么 么 么

Lektion 5

时间和日期
Shíjiān hé Rìqī
Zeit und Datum

I. Gespräch:

A: 请 问，这 是 今天 的 报
Qǐng wèn, zhè shì jīntiān de bào
bitten fragen dies sein heute *(Strukturp.)* Zeitung
吗？
ma?
(Fragepartikel)

B: 是。
shì.
sein

A: 这 是 昨天 的 （报）。今天 是
Zhè shì zuótiān de (bào). Jīntiān shì
dies sein gestern *(Strukturp.)* (Zeitung) Heute sein

三月 十五 日，星期五。
sānyuè shíwǔ rì, xīngqīwǔ.
März fünfzehn Tag Freitag

B: 对不起，那张报是今天
Duì bu qǐ, nà zhāng bào shì jīntiān
Entschuldigung jene *(Zählwort)* Zeitung sein heute
的。
de.
(Strukturpartikel)

A: 谢谢！
Xièxie!
danken

A: 请问，现在几点了？
Qǐng wèn, xiànzài jǐ diǎn le.
bitten fragen jetzt wie viel Uhr *(Finalpartikel)*

B: 九点三刻了。您今天不
Jiǔ diǎn sān kè le. Nín jīntiān bù
neun Uhr drei Viertel *(Finalp.)* Sie heute nicht
出去吗？
chūqù ma?
rausgehen *(Fragepartikel)*

A: 我要等施密特先生。
Wǒ yào děng Shīmìtè xiānsheng.
ich wollen warten Schmidt Herr

B: 他什么时候来？
Tā shénme shíhou lái?
er was für (ein) Zeit kommen

A: 十一点。
Shíyī diǎn.
elf Uhr

B: 还 有 一 个 小时 十五
Hái yǒu yí gè xiǎoshí shíwǔ
noch haben eins *(Zählwort)* Stunde fünfzehn

分（钟）。
fēn (zhōng).
Minute

A: 您们 哪 天 去 旅行?
Nínmen nǎ tiān qù lǚxíng?
Sie welcher Tag gehen reisen

B: 星期六。
Xīngqīliù.
Samstag

A: 您们 去 几 个 地方?
Nínmen qù jǐ gè dìfang?
Sie gehen wie viel *(Zählwort)* Ort

B: 我们 去 四 个 地方。
Wǒmen qù sì gè dìfang.
wir gehen vier *(Zählwort)* Ort

A: 什么 时候 回来?
Shénme shíhou huílái?
was für (ein) Zeit kommen

B: 半 个 月 以后 回来。
Bàn gè yuè yǐhòu huílái.
halb *(Zählwort)* Monat danach zurückkommen

Übersetzung:

A: Bitte, ist das die heutige Zeitung?

B: Ja.

A: Das ist die Zeitung von gestern. Heute ist Freitag, der 15. März.

B: Entschuldigung, jene Zeitung dort ist von heute.

A: Danke!

A: Bitte, wie spät ist es jetzt?

B: Viertel vor zehn. Gehen Sie heute nicht raus?

A: Ich warte noch auf Herrn Schmidt.

B: Wann kommt er?

A: Um elf.

B: Dann haben Sie noch eine Stunde und fünfzehn Minuten zu warten.

A: Wann reisen Sie ab?

B: Am Samstag.

A: Wohin reisen Sie denn?

B: Wir werden uns an vier Orten aufhalten.

A: Wann kommen Sie zurück?

B: In einem halben Monat.

II. Vokabeln:

时间	**shíjiān**	Zeit
日期	**rìqī**	Datum
今天	**jīntiān**	heute

报（纸）	**bào (zhǐ)**	Zeitung
昨天	**zuótiān**	gestern
月	**yuè**	Monat
十五 (15)	**shíwǔ**	fünfzehn
日	**rì**	Tag
星期	**xīngqī**	Woche
那	**nà**	jener
张	**zhāng**	Exemplar; Blatt
现在	**xiànzài**	jetzt
点	**diǎn**	Uhr
（一）刻	**(yí) kè**	(ein) Viertel (Stunde)
出去	**chūqù**	ausgehen
时候	**shíhou**	Zeit; Zeitpunkt; Moment
什么时候	**shénme shíhou**	wann
来	**lái**	kommen
十一 (11)	**shíyī**	elf
小时	**xiǎoshí**	Stunde
分（钟）	**fēn (zhōng)**	Minute
您们	**nínmen**	Sie
哪天	**nǎ tiān**	welcher Tag
旅行	**lǚxíng**	reisen; Reise
地方	**dìfang**	Ort
回来	**huílái**	zurückkommen
半个	**bàn gè**	halb; Hälfte
以后	**yǐhòu**	danach; nachher; später

III. Erläuterungen:

1. Im Chinesischen wird für die Zahlen das Dezimalsystem verwendet: 一，二，三，四，五，六，七，八，九，十(**yī** eins, **èr** zwei, **sān** drei, **sì** vier, **wǔ** fünf, **liù** sechs, **qī** sieben, **bā** acht, **jiǔ** neun, **shí** zehn)，十一，十二，十三，十四，十五，十六，十七，十八，十九，二十，二十一，二十二，二十三，二十四，二十五，二十六，二十七，二十八，二十九，三十... 四十，五十，六十，七十，八十，九十，一百(**yìbǎi** hundert)，一百零一，一百零二... 一百一十，一百二十，一百三十... 二百...二百五十... 三百...

2. Die zwölf Monate auf Chinesisch: 一月 **yīyuè** (Januar), 二月 **èryuè** (Februar), 三月 **sānyuè** (März), 四月 **sìyuè** (April), 五月 **wǔyuè** (Mai) , 六月 **liùyuè** (Juni), 七月 **qīyuè** (Juli), 八月 **bāyuè** (August), 九月 **jiǔyuè** (September), 十月 **shíyuè** (Oktober), 十一月 **shíyīyuè** (November), 十二月 **shíèryuè** (Dezember).

3. Die sieben Tage der Woche auf Chinesisch: 星期一**xīngqī-yī** (Montag), 星期二**xīngqīèr** (Dienstag), 星期三**xīngqīsān** (Mitt-woch), 星期四**xīngqīsì** (Donnerstag), 星期五**xīngqīwǔ** (Freitag), 星期六**xīngqīliù** (Samstag) und 星期日 **xīngqīrì** (Sonntag).

4. So werden die Zeiten ausgerückt: 2:00两点**liǎng diǎn**, 3:00 三点**sān diǎn**, 3:02三点零二分**sān diǎn líng èr fēn**, 3:15三点十五分 **sān diǎn shíwǔ fēn** oder 三点一刻**sān diǎn yí kè**, 3:35 三点三十五分**sān diǎn sānshíwǔ fēn**, 3:45三点四十五分 **sān diǎn sìshíwǔ fēn** oder 三点三刻**sān diǎn sān kè** oder 差一刻四点**chà yī kè sì diǎn**, 3:30 三点三十**sān diǎn sānshí** oder三点半

sān diǎn bàn, 3:55 三点五十五分**sān diǎn wǔshíwǔ fēn** oder 差五分四点**chà wǔ fēn sì diǎn**. “差” bedeutet „fehlen; kurz vor“.

IV. Übungen:

1. Sprechen Sie die folgenden Zeitpunkte auf Chinesisch aus:

   4:08, 5:25, 6:15, 7:30, 8:50, 12:45

2. Ergänzen Sie:

   a) 今天是三月三十一日，星期二。
   明天(**míngtiān** morgen)是____月____日，星期____。
   昨天(**zuótiān** gestern)是____月____日，星期____。

   b) 我明天上午(**shàngwǔ** Vormittag)________,中午(**zhōngwǔ** Mittag)________,下午(**xiàwǔ** Nachmittag)________,晚上(**wǎnshàng** Abend)________。(出去, 换钱, 回来, 休息)

3. Ergänzen Sie folgenden Dialog:

   A:____________________ ? (An welchem Tag kommt Herr Schmidt?)
   B: 施密特先生明天来。
   A:____________________ ?
   (Wann kommt er?)
   B: 他明天上午九点来。
   A:____________________。
   (Wann reisen Sie nach China?)
   B: 我们九月去中国。

A:______________________?

(Wann kommen Sie zurück?)

B: 我们两个月后回来。

4. Versuchen Sie den folgenden Zungenbrecher auszusprechen:

四是四，十是十。
十四是十四，四十是四十。
四十不是十四，十四不是四十。

V. Wir lernen schreiben:

四	四 四 四 四 四
五	五 五 五 五
六	六 六 六 六
七	七 七
八	八 八
九	九 九

Lektion 6

在邮局
Zài Yóujú
In der Post

I. Gespräch:

A: 您 来 寄 信 吗？
Nín lái jì xìn ma?
Sie kommen schicken Brief *(Fragepartikel)*

B: 是 啊， 给 我 父亲 寄 信。
Shì a, gěi wǒ fùqīn jì xìn.
Sein *(Finalpartikel)* geben ich Vater schicken Brief

A: 他 身体 好 吗？
Tā shēntǐ hǎo ma?
er Körper gut *(Fragepartikel)*

B: 很 好，谢谢！ 您 也 寄 信 吗？
Hěn hǎo, xièxie! Nín yě jì xìn ma?
sehr gut danken Sie auch schicken Brief *(Fragepartikel)*

A: 不。 我 买 纪念 邮票。 我 （的）
Bù. Wǒ mǎi jìniàn yóupiào. Wǒ (de)
nicht ich kaufen Sonderbriefmarke ich *(Strukturp.)*

弟弟　非常　喜欢　中国　邮票。
dìdi fēicháng xǐhuan Zhōngguó yóupiào.
Bruder sehr lieben chinesisch Breifmarke

B: 您　弟弟　在　哪儿？
Nín dìdi zài nǎr?
Sie Bruder sein wo

A: 他在　科隆　上　大学，专修　历史。
Tā zài Kēlóng shàng dàxué, zhuānxiū lìshǐ.
er sein Köln besuchen Universität studieren Geschichte

B: 先生，往　德国　寄　信　贴
Xiānsheng, wǎng Déguó jì xìn tiē
Herr nach Deutschland schicken Brief kleben
多少　邮票？
duōshao yóupiào?
wie viel Briefmarke

C: 我　称　一下。这　封　信　贴　六
Wǒ chēng yí xià. Zhè fēng xìn tiē liù
ich wiegen einmal dies *(Zählwort)* Brief kleben sechs
块。明信片　贴　四　块　五。
kuài. Míngxìnpiàn tiē sì kuài wǔ.
Kuai Ansichtskarte kleben vier Kuai fünf

A: 请　再　给　我　十　个　信封。
Qǐng zài gěi wǒ shí gè xìnfēng.
bitten noch geben ich zehn *(Zählwort)* Briefumschlag

C: 要　邮票　吗？
Yào yóupiào ma?
wollen Briefmarke *(Fragepartikel)*

A: 不 要，谢谢！
Bú yào, xièxie!
nicht wollen danken

C: 您 要 买 什么？
Nín yào mǎi shénme?
Sie wollen kaufen was

B: 我 买 纪念 邮票。
Wǒ mǎi jìniàn yóupiào.
ich kaufen Sonderbriefmarke

C: 这 是 新 出 的 纪念 邮票。
Zhè shì xīn chū de jìniàn yóupiào.
dies sein neu herausgeben *(SP.)* Sonderbriefmarke
要 几 套？
Yào jǐ tào?
wollen wie viel Satz

B: 要 两 套，多少 钱？
Yào liǎng tào, duōshao qián?
wollen zwei Satz wie viel Geld

C: 一共 三十五 块 八 毛。
Yígòng sānshíwǔ kuài bā máo.
insgesamt fünf und dreißig Kuai acht Mao

B: 这 是 四十 元。
Zhè shì sìshí yuán.
dies sein vierzig Yuan

C: 找 您 四 块 二（角）。再见！
Zhǎo nín sì kuài èr (jiǎo). Zàijiàn!
herausgeben Sie vier Kuai zwei Jiao auf Wiedersehen

B: 谢 谢！ 再 见！

Xièxie! **Zàijiàn!**

danken auf Wiedersehen

Übersetzung:

A: Wollen Sie einen Brief abgeben?

B: Ja, ich schicke einen Brief an meinen Vater.

A: Wie geht es ihm?

B: Danke, gut. Wollen Sie auch Post verschicken?

C: Nein, ich kaufe Sonderbriefmarken. Mein jüngerer Bruder mag chinesische Briefmarken sehr.

A: Wo wohnt Ihr Bruder?

C: Er wohnt in Köln und studiert dort Geschichte.

A: Mein Herr, was kostet ein Brief nach Deutschland?

C: Ich wiege mal den Brief. Für diesen Brief sollen Sie Briefmarken im Wert von sechs Kuai kaufen, für die Ansichtskarte vier Kuai fünfzig.

A: Bitte, ich möchte noch zehn Briefumschläge kaufen.

C: Brauchen Sie auch Briefmarken?

A: Nein, danke!

C: Sie wünschen?

B: Ich kaufe Sondermarken.

C: Das sind die neuen Sondermarken. Wie viel Sätze möchten Sie?

B: Zwei Sätze. Wie viel kosten sie?

C: Insgesamt fünfunddreißig Kuai acht Mao.

B: Hier sind vierzig Yuan.

C: Sie kriegen vier Yuan zwanzig zurück. Auf Wiedersehen!

B: Danke! Auf Wiedersehen!

II. Vokabeln:

在	**zài**	in; auf; an
邮局	**yóujú**	Post; Postamt
给	**gěi**	geben; *(Dativpräffix)*
寄（信）	**jì (xìn)**	(Brief) schicken
信	**xìn**	Brief
父亲	**fùqīn**	Vater
身体	**shēntǐ**	Körper; Gesundheit
买	**mǎi**	kaufen
纪念邮票	**jìniàn yóupiào**	Sonderbriefmarke
弟弟	**dìdi**	jüngerer Bruder
非常	**fēicháng**	sehr; außerordentlich
喜欢	**xǐhuan**	mögen; gern haben
邮票	**yóupiào**	Briefmarke
科隆	**Kēlóng**	Köln
上（学）	**shàng (xué)**	(Schule) besuchen
大学	**dàxué**	Universität
专修	**zhuānxiū**	auf ... spezialisieren; studieren
历史	**lìshǐ**	Geschichte
往	**wǎng**	nach

德国	**Déguó**	Deutschland
贴	**tiē**	kleben (hier: frankieren)
称	**chēng**	wiegen
封	**fēng**	*(Zählwort für Brief etc.)*
明信片	**míngxìnpiàn**	Ansichtskarte
信封	**xìnfēng**	Briefumschlag
新	**xīn**	neu
出	**chū**	herausgeben
套	**tào**	Set; Satz
一共	**yígòng**	insgesamt
三十五	**sānshíwǔ**	fünf und dreißig
毛	**máo**	Mao
四十	**sìshí**	vierzig
找（钱）	**zhǎo (qián)**	(Geld) herausgeben
角	**jiǎo**	Jiao

III. Erläuterungen:

1. Die Wörter “在” **zài** (in), “给” **gěi** *(Dativpräffix)*, “往” **wǎng** (nach), die im Satz als Präposition gebraucht werden und dabei zusammen mit ihrem Objekt Adverbialbestimmungen bilden, sollen vor Verben stehen, wie z. B.: “我在科隆工作。” **Wǒ zài Kēlóng gōngzuò.** (Ich arbeite in Köln.) “我给父亲写信。” **Wǒ gěi fùqīn xiě xìn.** (Ich schreibe an meinen Vater.) “他往德国寄信。” **Tā wǎng Déguó jì xìn.** (Er schickt einen Brief nach Deutschland.)

2. Wenn das Wort “在” **zài** im Satz als Präposition gebraucht wird, sollen Ortsbestimmungen “科隆” **Kēlóng** (Köln), “这儿” **zhèr** (hier) und “那儿” **nàr** (dort) hinter seinem Objekt ergänzt werden, vorausgesetzt, dass das Objekt Person oder Personalpronomen darstellt, z. B.: “我在施密特那儿吃饭。” **Wǒ zài Shīmìtè nàr chīfàn.** (Ich nehme bei Schmidt eine Mahlzeit ein.) “他在这儿喝茶。” **Tā zài zhèr hē chá.** (Er trinkt bei mir Tee.)

IV. Übungen:

1. Setzen Sie ein:

a) 他在科隆学习。（银行 换钱，邮局 寄信，办公室 打电话， 朋友那儿 吃饭，北京 工作**gōngzuò** arbeiten，这儿吃饺子）

b) 我给父亲寄信。（朋友 写**xiě** schreiben信，妻子 打电话，朋友 买邮票）

2. Beantworten Sie, folgende Fragen:

a) 他弟弟在哪儿上学？
b) 您在哪儿换钱？
c) 明天您在哪儿吃饭？
d) 今天晚上您在哪儿喝茶？

3. Versuchen Sie, mit folgenden Wörtern Sätze zu bilden:

如**rú** z. B.: 在银行 换钱

A: 您在哪儿换钱?　　　　B: 我在银行换钱。

a) 在办公室　　工作　　　　b) 在施密特那儿　　吃饭

c) 给弟弟　　寄明信片　　　d) 往中国　　打电话

e) 在北京　　　学习(**xuéxí** lernen)　　　汉语

V. Wir lernen schreiben:

邮	邮 邮 邮 邮 邮 邮 邮
局	局 局 局 局 局 局 局
在	在 在 在 在 在 在
哪	哪 哪 哪 哪 哪 哪 哪 哪 哪

Lektion 7

问 路

Wèn Lù

Nach dem Weg fragen

I. Gespräch:

A: 请 问，去 中国 银行 怎么 走？
Qǐng wèn, qù Zhōngguó yínháng zěnme zǒu?
bitten fragen gehen China Bank wie gehen

B: 一直 走，再 往 右 拐 就
Yìzhí zǒu, zài wǎng yòu guǎi jiù
geradeaus gehen dann nach rechts biegen gleich
到 了。
dào le.
ankommen *(Finalpartikel)*

A: 远 不 远？
Yuǎn bù yuǎn?
weit nicht weit

B: 不 远，很 近。
Bù yuǎn, hěn jìn.
nicht weit sehr nah

A: 谢 谢！
Xièxie !
danken

B: 不 谢！
Bú xiè!
nicht danken

* * *

A: 请 问 一下，从 这儿 到 北京 饭店
Qǐng wèn yí xià, cóng zhèr dào Běijīng fàndiàn
bitten fragen einmal von hier zu Beijing Hotel

坐 什么 车？
zuò shénme chē?
nehmen was für (ein) Wagen

B: 坐 1 路 公共 汽车。
Zuò 1 (yī) lù gōnggòng qìchē.
nehmen Nr. 1 Linie Bus

A: 在 什么 地方 下车？
Zài shénme dìfang xiàchē?
an was für (ein) Haltestelle aussteigen

B: 在 王府井 下车，马路 对面 就
Zài wángfǔjǐng xiàchē, mǎlù duìmiàn jiù
an Wangfujing aussteigen Straße gegenüber gleich

是
shì.
sein

A: 麻 烦 您 了。
Máfan nín le.
stören Sie *(Finalpartikel)*

B: 没 什 么。
Méi shénme.
nicht was

* * *

A: 先 生， 您 知 道 332 路
Xiānsheng, nín zhīdao 332 (sān sān èr) lù
Herr Sie wissen 332 Linie

汽 车 站 在 哪儿 吗？
qìchēzhàn zài nǎr ma?
Haltestelle in wo *(Fragepartikel)*

B: 您 要 去 哪儿？
Nín yào qù nǎr?
Sie wollen gehen wo

A: 友 谊 宾 馆。
Yǒuyì bīnguǎn.
Freundschaft Hotel

B: 这儿 没 有 332 路， 要 先
Zhèr méiyǒu 332 (sān sān èr) lù, yào xiān
hier nicht haben 332 Linie sollen zuerst

到 动 物 园， 在 那儿 换 乘
dào dòngwùyuán, zài nàr huànchéng
ankommen Zoo in dort umsteigen

332 路。
332 (sān sān èr) lù.
332 Linie

A: 去 动物园 怎么 坐 车？
Qù dòngwùyuán zěnme zuò chē?
gehen Zoo wie nehmen Wagen

B: 从 这儿 坐 103 路 无轨 电车
Cóng zhèr zuò 103 (yāo líng sān) lù wúguǐ diànchē
von hier nehmen 103 Linie Trolleybus

或者 15 路 公共 汽车 都 可以。
huòzhě 15 (shíwǔ) lù gōnggòng qìchē dōu kěyǐ.
oder 15 Linie Bus all möglich

A: 麻烦 您 了。
Máfan nín le.
stören Sie *(Finalpartikel)*

B: 不 客气。
Bú kèqi.
nicht höflich

Übersetzung:

A: Entschuldigung, wie geht man zur Bank of China?

B: Geradeaus, dann nach rechts und Sie sind da.

A: Ist es weit von hier?

B: Nicht weit, ganz in der Nähe.

A: Danke.

B: Nichts zu danken.

* * *

A: Entschuldigung, wie fährt man von hier zum Beijing-Hotel?

B: Man kann mit dem Bus Nummer 1 fahren.

A: Wo soll ich aussteigen?

B: An der Haltestelle Wangfujing-Straße. Das Hotel liegt gleich gegenüber.

A: Entschuldigen Sie die Störung.

B: Keine Ursache.

* * *

A: Mein Herr, darf ich fragen, wo die Bushaltestelle der Linie 332 ist?

B: Wohin wollen Sie fahren?

A: Zum Freundschaftshotel.

B: Der Bus 332 fährt hier nicht vorbei. Zuerst muss man zum Zoo fahren, und dann in den 332 umsteigen.

A: Wie fährt man zum Zoo?

B: Man kann von hier aus mit dem Trolleybus 103 oder mit dem Bus 15 fahren.

A: Entschuldigen Sie die Störung.

B: Keine Ursache.

II. Vokabeln:

问	**wèn**	fragen (nach)

路	**lù**	Weg; Straße; (Bus) Linie
怎么	**zěnme**	wie
一直（走）	**yìzhí (zǒu)**	geradeaus (gehen)
（往右）拐	**(wàng yòu) guǎi**	(nach rechts) abbiegen
就	**jiù**	dann; gleich
到	**dào**	gelangen; nach (…hin); sich (an einen Ort) begeben
远	**yuǎn**	weit
近	**jìn**	nah
不谢	**bú xiè**	nichts zu danken
从	**cóng**	von
坐	**zuò**	sitzen; fahren (mit)
车	**chē**	Wagen; Fahrzeug
公共汽车	**gōnggòng qìchē**	Bus
下车	**xiàchē**	aussteigen
马路	**mǎlù**	Straße
对面	**duìmiàn**	gegenüber
麻烦	**máfan**	belästigen; stören
没什么	**méi shénme**	keine Ursache
知道	**zhīdao**	wissen
汽车站	**qìchē zhàn**	Bushaltestelle
友谊宾馆	**yǒuyì bīnguǎn**	Freundschaftshotel
先	**xiān**	zuerst
动物园	**dòngwùyuán**	Zoo
那儿	**nàr**	dort
换乘	**huànchéng**	umsteigen

无轨电车	**wúguǐ diànchē**	Trolleybus
或者	**huòzhě**	oder
可以	**kěyǐ**	können; möglich sein; dürfen

III. Erläuterungen:

1. “从…到…” **cóng ... dào ...** (von ... zu oder nach ...) ist ein gemeingebräuchlicher Satzbau, bezeichnet eine bestimmte Zeit oder ein bestimmtes Ziel, z. B.: “从八点到十二点工作。” **Cóng bā diǎn dào shíèr diǎn gōngzuò.** (Man arbeitet von acht bis zwölf Uhr.)

2. Das Wort “一下” **yí xià** (einmal; kurz) drückt aus, dass die Handlung in ganz kurzer Zeit beendet ist, z. B.: “请您等一下。” **Qǐng nín děng yí xià.** (Einen Moment, bitte.) “请您点一下钱。” **Qǐng nín diǎn yí xià qián.** (Bitte, zählen Sie einmal das Geld.)

3. Die dreistelligen Zahlen der Buslinien “332路” **332 (sānbǎi sānshíèr) lù** (Linie 332) und “103路” **103 (yībǎi líng sān) lù** (Linie 103) werden in der Umgangssprache oft auf **332 (sān sān èr) lù** bzw. **103 (yāo líng sān) lù** gekürzt.

IV. Übungen:

1. Setzen Sie ein:

a) <u>去中国银行</u>怎么<u>走</u>?

（去友谊宾馆　坐车；这封信　寄；用欧元换人民币　换；这个汉字 **hànzì** chinesisches Schriftzeichen　写）

b) 从这儿到友谊宾馆很远。

（北京饭店　中国银行　很近；友谊宾馆　动物园　坐332路公共汽车；下午两点　下午五点　工作；星期六　星期日　休息；十月　十二月　去旅行）

c) 请您等一下。

（写；说；看；问；找）

2. Bitte antworten Sie mit den angegebenen Wörtern:

a) 您什么时候在家 **zàijiā** zu Hause sein?（从...到...）

b) 从中国银行到邮局远不远？（很近）

c) 您什么时候去旅行？（从...到...）

d) 从这儿去施密特家怎么走？（坐... ...车）

V. Wir lernen schreiben:

先	先 先 先 先 先 先
生	生 生 生 生 生
请	请 请 请 请 请 请 请 请 请 请
问	问 问 问 问 问 问

Lektion 8

买食品
Mǎi Shípǐn
Esswaren einkaufen

I. Gespräch:

A: 您 买 点儿 什么？
Nín mǎi diǎnr shénme?
Sie kaufen ein bisschen was

B: 这种 桔子 是 酸 的 还是
Zhèzhǒng júzi shì suān de háishì
dies Art Mandarine sein sauer *(Strukturpartikel)* oder

甜 的？
tián de?
süß *(Strukturpartikel)*

A: 是 甜 的。
Shì tián de.
sein süß *(Strukturpartikel)*

B: 多少 钱 一 公斤？
Duōshao qián yì gōngjīn?
wie viel Geld eins Kilogramm

A: 大的一块四，小的一块二。
Dà de yí kuài sì, xiǎo de yí kuài èr.
groß *(SP.)* eins Kuai vier klein *(SP.)* eins Kuai zwei

您要大的还是小的？
Nín yào dà de háishì xiǎo de?
Sie wollen groß *(SP.)* oder klein *(Strukturpartikel)*

B: 来三公斤大的吧！
Lái sān gōngjīn dà de ba!
kaufen drei Kilo groß *(SP.) (Schlusspartikel)*

A: 一共四块二。您这是五块，
Yígòng sì kuài èr. Nín zhè shì wǔ kuài,
insgesamt vier Kuai zwei Sie dies sein fünf Kuai

找您八毛。
zhǎo nín bā máo.
zurückgeben Sie acht Mao

B: 香蕉怎么卖？
Xiāngjiāo zěnme mài?
Banane wie verkaufen

A: 四块六一公斤。
Sì kuài liù yì gōngjīn.
vier Kuai sechs eins Kilogramm

B: 太贵了。
Tài guì le.
zu teuer (Finalpartikel)

* * *

A: 这 土豆 一 公斤 多少 钱?
Zhè tǔdòu yì gōngjīn duōshao qián?
dies Kartoffel eins Kilogramm wie viel Geld

B: 两 块 一 公斤。您 来 多少?
Liǎng kuài yì gōngjīn. Nín lái duōshao?
zwei Kuai eins Kilogramm Sie kaufen wie viel

A: 来 四 块 钱 的。
Lái sì kuài qián de.
kaufen vier Kuai Geld *(Strukturpartikel)*

B: 这 西红柿 又 新鲜 又 便宜。不
Zhè xīhóngshì yòu xīnxiān yòu piányì. Bù
Dies Tomaten sowohl frisch als auch billig nicht

来 点儿 吗?
lái diǎnr ma?
kaufen ein bisschen *(Fragepartikel)*

A: 来 两 公斤 吧, 要 红 的。
Lái liǎng gōngjīn ba, yào hóng de.
kaufen zwei Kilogramm *(Schlussp.)* wollen rot *(SP.)*

B: 一共 八 块 三。
Yígòng bā kuài sān.
insgesamt acht Kuai drei

A: 给 您 钱。
Gěi nín qián.
geben Sie Geld

B:	您	的	钱	正	好。
	Nín	**de**	**qián**	**zhèng**	**hǎo.**
	Sie	*(Strukturpartikel)*	Geld	gerade	richtig

Übersetzung:

A: Was möchten Sie haben?

B: Sind die Mandarinen sauer oder süß?

A: Süß.

B: Wie viel kostet ein Kilo?

A: Die größeren Mandarinen kosten pro Kilo ein Yuan vierzig Fen, die kleinen ein Yuan zwanzig Fen. Wollen Sie die großen oder die kleinen?

B: Ich kaufe drei Kilo große.

A: Insgesamt vier Yuan zwanzig Fen. Das sind fünf Yuan, ich gebe Ihnen acht Mao zurück.

B: Was kosten die Bananen?

A: Vier Yuan sechzig Fen pro Kilo.

B: Zu teuer!

* * *

A: Wie viel kostet ein Kilo Kartoffel?

B: Ein Kilo kostet zwei Yuan. Wie viel wollen Sie haben?

A: Ich nehme für vier Yuan.

B: Die Tomaten sind frisch und billig. Wollen Sie welche?

A: Ja, zwei Kilo, aber rote.

B: Macht acht Yuan dreißig.

A: Hier, bitte.

B: Stimmt genau.

II. Vokabeln:

食品	**shípǐn**	Esswaren; Lebensmittel
点儿	**diǎnr**	ein bisschen
种	**zhǒng**	Art; Sorte
桔子	**júzi**	Mandarine
酸	**suān**	sauer
还是	**háishì**	oder (bei Alternativfragen)
甜	**tián**	süß
公斤	**gōngjīn**	Kilogramm
大	**dà**	groß
小	**xiǎo**	klein
来	**lái**	kommen; kaufen; nehmen
找（零钱）	**zhǎo (língqián)**	(Kleingeld) herausgeben
香蕉	**xiāngjiāo**	Banane
卖	**mài**	verkaufen
太	**tài**	zu
贵	**guì**	teuer
土豆	**tǔdòu**	Kartoffel
西红柿	**xīhóngshì**	Tomate
又…又	**yòu … yòu**	sowohl … als auch

新鲜	**xīnxiān**	frisch
便宜	**piányì**	billig; preiswert
红	**hóng**	rot
正好	**zhènghǎo**	gerade; gerade richtig

III. Erläuterungen:

1. Mit dem Wort “还是” **háishì** (oder) gebildete Fragesätze heißen alternative Interrogativsätze, z. B.: “您去还是不去？” **Nín qù háishì bú qù?** (Kommen Sie mit oder nicht?) “您吃饺子还是米饭？” **Nín chī jiǎozi háishì mǐfàn?** (Essen Sie Jiaozi oder Reis?) “您要大的还是小的？” **Nín yào dà de háishì xiǎo de?** (Wollen Sie große oder kleine?) Heißt das Verb im alternativen Fragesatz “是” **shì** (sein), kann man das Verb “是” hinter dem Wort “还是” **háishì** (oder) weglassen, z. B.: “这是昨天的报还是今天的报？” **Zhè shì zuótiān de bào háishì jīntiān de bào?** (Ist das die Zeitung von gestern oder heute?) “这桔子是酸的还是甜的？” **Zhè júzi shì suān de háishì tián de?** (Sind die Mandarinen sauer oder süß?)

2. Wenn an Substantiv, Adjektiv oder Personalpronomen “的” *(Strukturpartikel)* angehängt wird, bildet es ein neues Wort, z. B.: “这张报是今天的。” **Zhè zhāng bào shì jīntiān de.** (Diese Zeitung ist von heute.) “这张报是我的。” **Zhè zhāng bào shì wǒ de.** (Diese Zeitung ist meine.) “这桔子是甜的。” **Zhè júzi shì tián de.** (Die Mandarine ist süß.)

IV. Übungen:

1. Setzen Sie ein:

   您去还是不去?
   （去银行　去邮局；寄信　买邮票；换人民币　换欧元；买香蕉　买桔子；买土豆　买西红柿；坐公共汽车　坐无轨电车；喜欢吃辣的　喜欢吃甜的）

2. Ergänzen Sie die folgenden Dialoge:

   A: 您买什么？
   B: __________，__________
   A: 大的一公斤一块五，小的一公斤一块二。
   B: ______________________
   A: 一共三块。
   B: ______________________
   A: 您的钱正好。

V. Wir lernen schreiben:

他	他 他 他 他 他
买	买 买 买 买 买 买
多	多 多 多 多 多 多
少	少 少 少 少

Lektion 9

在洗衣店
Zài Xǐyī Diàn
In der Reinigung

I. Gespräch:

A: 您 来 了, 您 洗 什么?
Nín lái le, nín xǐ shénme?
Sie kommen *(Finalpartikel)* Sie waschen was

B: 我 要 洗 一 套 西服。
Wǒ yào xǐ yí tào xīfú.
ich wollen waschen ein *(Zählwort)* Anzug

A: 好 的。
Hǎo de.
gut *(Hilfspartikel)*

B: 这 条 裤子 太 脏 了, 能
Zhè tiáo kùzi tài zāng le, néng
dies *(Zählwort)* Hose zu schmutzig *(Finalp.)* können

洗 干净 吗?
xǐ gānjìng ma?
waschen sauber *(Fragepartikel)*

A: 我 看 一下。
Wǒ kàn yí xià.
ich sehen einmal

B: 有 块 油，能 洗掉 吗？
Yǒu kuài yóu, néng xǐdiào ma?
haben *(Zählwort)* Öl können abwaschen *(Fragepartikel)*

A: 没 问题。
Méi wènti.
kein Problem

B: 那 太 好 了。 什么 时候 取？
Nà tài hǎo le. Shénme shíhou qǔ?
dann zu gut *(Finalpartikel)* was für (ein) Zeit abholen

A: 下 星期三。
Xià xīngqīsān.
nächst Mittwoch

B: 在 哪儿 交 钱？
Zài nǎr jiāo qián?
in wo geben Geld

A: 您 在 这儿 交 吧！ 20 元。
Nín zài zhèr jiāo ba! 20 (èr shí) Yuán.
Sie in hier zahlen *(Finalpartikel)* 20 Yuan

A: 给 您 钱。
Gěi nín qián.
geben Sie Geld

B: 钱 正 好。 这 是 您 的 取衣单。
Qián zhèng hǎo. Zhè shì nín de qǔyīdān.
Geld gerade richtig dies sein Sie *(Strukturp.)* Abholzettel

*   *   *

B: 我 的 西服 洗 好 了 吗？
Wǒ de xīfú xǐ hǎo le ma ?
ich *(SP.)* Anzug waschen fertig *(Finalp.)* *(Fragepartikel)*

A: 请 出示 您 的 取衣单！
Qǐng chūshì nín de qǔyīdān!
bitten zeigen Sie *(Strukturpartikel)* Abholzettel

B: 哎呀，可能 忘 了。
Āiyā, kěnéng wàng le.
oh wahrscheinlich vergessen (Finalpartikel)

A: 您 的 西服 是 什么 颜色 的？
Nín de xīfú shì shénme yánsè de?
Sie *(SP.)* Anzug sein was für (ein) Farbe *(SP.)*

B: 黑 的。
Hēi de.
schwarz *(Strukturpartikel)*

A: 您 是 哪 天 送来 的？
Nín shì nǎ tiān sònglái de?
Sie sein welcher Tag herbringen *(Strukturpartikel)*

B: 上 星期五。单子 找到 了。
Shàng xīngqīwǔ. Dānzi zhǎodào le.
letzt Freitag Abholzettel finden *(Finalpartikel)*

A: 这 是 您 的 西服。
Zhè shì nín de xīfú.
dies sein Sie *(Strukturpartikel)* Anzug

A: 很 好。
Hěn hǎo.
sehr gut

B: 谢谢！ 欢迎 您 再 来。
Xièxie! Huānyíng nín zài lái!
danken begrüßen Sie wieder kommen

Übersetzung:

A: Guten Tag! Was wollen Sie reinigen lassen?

B: Einen Anzug.

A: Gut.

B: Die Hose ist sehr schmutzig. Ist der Schmutz leicht zu beseitigen?

A: Ich sehe mal.

B: Es gibt einen Fettfleck. Kann man ihn entfernen?

A: Kein Problem.

B: Ah, sehr gut. Wann kann ich den Anzug abholen?

B: Am nächsten Mittwoch.

A: Wo ist die Kasse?

B: Sie können bei mir zahlen. 20 Yuan.

A: Hier ist das Geld.

B: Stimmt genau. Hier ist die Quittung.

* * *

B: Ist mein Anzug schon gereinigt?

A: Haben Sie die Quittung bei sich?

B: Oh, die habe ich vielleicht vergessen.

A: Welche Farbe hat Ihr Anzug?

B: Schwarz.

A: An welchem Tag haben Sie bei uns abgegeben?

B: Letzten Freitag. Die Quittung habe ich gefunden.

A: Das ist Ihr Anzug.

B: Sehr gut.

A: Danke! Es freut uns sehr, wenn Sie wieder zu uns kommen.

II. Vokabeln:

洗衣店	**xǐyī diàn**	Reinigung; Wäscherei
洗	**xǐ**	waschen
套	**tào**	Set *(Zählw. f. Zusammengehöriges)*
西服	**xīfú**	Anzug
的	**de**	*(Hilfspartikel)*
条	**tiáo**	Stück *(Zählwort für Hose, Halstuch, Straße, Weg...)*
裤子	**kùzi**	Hose
脏	**zāng**	schmutzig
能	**néng**	können
看	**kàn**	sehen; gucken; lesen
干净	**gānjìng**	sauber
油	**yóu**	Fettfleck
洗掉	**xǐdiào**	abwaschen
没问题	**méi wènti**	kein Problem
取	**qǔ**	abholen
星期三	**xīngqīsān**	Mittwoch

这儿	**zhèr**	hier
交（钱）	**jiāo (qián)**	(Geld) zahlen
取衣单	**qǔyīdān**	Abholzettel
（洗）好	**(xǐ) hǎo**	fertig (gewaschen) sein
哎呀	**āiyā**	Oje; Ah; meine Güte *(Interjektion)*
可能	**kěnéng**	können; wahrscheinlich; vielleicht
忘	**wàng**	vergessen
颜色	**yánsè**	Farbe
黑	**hēi**	schwarz
送（来）	**sòng (lái)**	(her)bringen
单子	**dānzi**	Zettel
找到	**zhǎodào**	finden
欢迎	**huānyíng**	begrüßen; willkommen heißen
再来	**zài lái**	wieder kommen

III. Erläuterungen:

Im chinesischen Satz wird das Wort "好" **hǎo** (fertig) hinter dem Verb oder Adjektiv als Ergänzungswort gebraucht; das Wort "好" hinter einem Verb drückt ein Ergebnis der Handlung aus und wird deshalb im Satz als Ergänzungswort zum Ausdruck des Ergebnisses gebraucht, z. B.: "您的裤子洗好了。" **Nín de kùzi xǐ hǎo le.** (Ihre Hose ist schon fertig gewaschen.) Im verneinenden Satz wird gewöhnlich das Wort "没有" **méiyǒu** (nicht) eingesetzt, z. B.: "您的裤子没有洗好。" **Nín de kùzi méiyǒu xǐ hǎo.** (Ihre Hose ist noch nicht fertig gewaschen.)

In der Umgangssprache werden oft “好的” **hǎode** (gut), “是的” **shìde** (ja; richtig) und “对的” **duìde** (richtig) gebraucht und bedeuten nicht viel anders als ohne Hilfspartikel “的”.

IV. Übungen:

1. Lesen Sie folgende Wortverbindungen:

   洗好了 —— 没洗好　　贴好了 —— 没贴好

   洗干净了—— 没洗干净　　洗掉了 —— 没洗掉

2. Versuchen Sie, aus folgenden Wörtern Sätze mit den Ergänzungswörtern “好”, “干净” zu bilden. Beispiel: 裤子 洗

   施密特先生的裤子洗好了。

   a) 邮票　贴　b) 信　写　c) 钱　换　d) 西服　洗

3. Beantworten Sie folgende Fragen:

   a) 给米勒先生的信写了吗？　（写）

   b) 信封上的邮票贴了吗？　（贴）

V. Wir lernen schreiben:

欢	欢	欢	欢	欢	欢	欢	
迎	迎	迎	迎	迎	迎	迎	迎
再	再	再	再	再	再	再	
来	来	来	来	来	来	来	来

Lektion 10

买衣服
Mǎi Yīfu
Kleidung einkaufen

I. Gespräch:

A:	请	问，	哪儿	卖	皮大衣？
	Qǐng	**wèn,**	**nǎr**	**mài**	**pídàyī?**
	bitten	fragen	wo	verkaufen	Pelzmantel

B:	百货	大楼	楼上。
	Bǎihuò	**dàlóu**	**lóushàng.**
	Warenhaus		oben

A:	谢谢！
	Xièxie!
	danken

*　　*　　*

A:	请	把	那	件	皮大衣
	Qǐng	**bǎ**	**nà**	**jiàn**	**pídàyī**
	bitten	*(Strukturpartikel)*	jener	Stück *(Zählwort)*	Pelzmantel
	拿来	看看。			
	nálái	**kànkan.**			
	bringen	sehen			

C: 是 这 件 吗？
Shì zhè jiàn ma?
sein dies Stück *(Zählwort)* *(Fragepartikel)*

A: 对。这 是 什么 皮 的？
Duì. Zhè shì shénme pí de?
richtig dies sein was für (ein) Pelz *(Strukturpartikel)*

C: 貂 皮 的。
Diāo pí de
Zobel Pelz *(Strukturpartikel)*

A: 可以 试试 吗？
Kěyǐ shìshi ma?
können anprobieren *(Fragepartikel)*

C: 当然 可以。
Dāngrán kěyǐ.
natürlich dürfen

A: 这 件 有点儿 肥。有 瘦 一点儿
Zhè jiàn yǒudiǎnr féi. Yǒu shòu yìdiǎnr
dies Stück ein bisschen weit haben eng ein bisschen

的 吗？
de ma?
(SP.) *(Fragepartikel)*

B: 有。这 件 怎么样？
Yǒu. Zhè jiàn zěnmeyàng?
haben dies Stück wie

A: 这 件 正 合适。我 还 要
Zhè jiàn zhèng héshì. Wǒ hái yào
dies Stück *(Zählwort)* gerade passend ich noch wollen

一 条 围巾。
yì tiáo wéijīn.
ein *(Zählwort)* Schal

C: 您 要 什么 样儿 的？
Nín yào shénme yángr de?
Sie wollen was für (ein) Äußere *(Strukturpartikel)*

A: 颜色 浅 一点儿 的。
Yánsè qiǎn yìdiǎnr de.
Farbe hell ein bisschen *(Strukturpartikel)*

C: 这 条 羊绒 的 您 看
Zhè tiáo yángróng de nín kàn
dies *(Zählwort)* Kaschmir *(Strukturpartikel)* Sie sehen

怎么样？
zěnmeyàng?
wie

A: 颜色 很 好看。我 要 这 条。
Yánsè hěn kaokàn. Wǒ yào zhè tiáo.
Farbe sehr hübsch ich wollen dies *(Zählwort)*

C: 还 要 别的 吗？
Hái yào biéde ma?
noch wollen andere *(Fragepartikel)*

A: 不 要 了。
Bú yào le.
nicht wollen *(Finalpartikel)*

B:	请	您	到	那边	交钱。
	Qǐng	**nín**	**dào**	**nàbiān**	**jiāoqián.**
	bitten	Sie	gehen	dort	zahlen

Übersetzung:

A: Bitte können Sie mir sagen, wo Pelzmäntel zu kaufen sind?

B: Oben im Warenhaus?

A: Danke!

* * *

A: Würden Sie mir bitte jenen Pelzmantel zeigen?

C: Ist das dieser?

A: Genau. Aus welchem Pelz?

C: Zobelpelz.

A: Darf ich ihn anprobieren?

C: Selbstverständlich.

A: Dieser ist ein bisschen weit für mich. Gibt es noch einen engeren?

C: Ja. Probieren Sie mal diesen an!

A: Dieser passt mir gut. Ich möchte noch einen Schal kaufen.

C: Was für einen Schal wollen Sie haben?

A: Einen hellen.

C: Dieser Schal ist aus Kaschmir. Wie gefällt er Ihnen?

A: Die Farbe ist sehr hübsch. Ich nehme diesen.

C: Wünschen Sie noch was?

A: Nein, das wär´s.

B: Bitte zahlen Sie dort drüben an der Kasse.

II. Vokabeln:

衣服	**yīfu**	Kleidung
皮大衣	**pídàyī**	Pelzmantel
百货大楼	**bǎihuò dàlóu**	Warenhaus
楼上	**lóushàng**	oben (im Haus)
件	**jiàn**	Stück *(Zählwort)*
把	**bǎ**	*(Strukturpartikel)*
拿来	**nálái**	hernehmen
皮	**pí**	Leder; Pelz
貂皮	**diāopí**	Zobelpelz
试	**shì**	anprobieren
当然	**dāngrán**	natürlich
有点儿	**yǒudiǎnr**	ein bisschen (meist bei Unangenehmen)
肥	**féi**	weit (z. B. bei Kleidern, Hosen, Schuhen ...)
瘦	**shòu**	eng
一点儿	**yìdiǎnr**	ein bisschen
正	**zhèng**	gerade; genau
合适	**héshì**	passend; angebracht
围巾	**wéijīn**	Schal
样儿	**yàngr**	Form; Schnitt; Äußere
什么样儿	**shénme yàngr**	was für ein
（颜色）浅	**(yánsè) qiǎn**	(Farbe) hell
羊绒	**yángróng**	Kaschmir

好看	**hǎokào**	hübsch; gutaussehend; nett
那边	**nàbiān**	dort
交钱	**jiāoqián**	zahlen

III. Erläuterungen:

Wenn man das Ergebnis einer Handlung, mit der man bezweckt, eine Sache zu erledigen, betont, wird die Strukturpartikel "把" **bǎ** im Satz gebraucht, z. B.: "请把那件皮大衣拿来看看。" **Qǐng bǎ nà jiàn pídàyī nálái kànkan.** (Bitte zeigen Sie mir jenen Pelzmantel.) "请把这条裤子洗干净。" **Qǐng bǎ zhè tiáo kùzi xǐ gānjìng.** (Bitte waschen Sie die Hose sauber.) Im verneinenden Satz stehen die Verneinungswörter "不" **bù** (nicht) oder "没" **méi** (nicht oder kein) vor dem Strukturpartikel "把", z. B.: "他没把皮大衣给我看。" **Tā méi bǎ pídàyī gěi wǒ kàn.** (Er hat mir keinen Pelzmantel gezeigt.) "他没把这条裤子洗干净。" **Tā méi bǎ zhè tiáo kùzi xǐ gānjìng.** (Er hat die Hose nicht sauber gewaschen.)

IV. Übungen:

1. Setzen Sie ein:

a) 请把那件皮大衣拿来看看。
（那张报　给我；人民币　换成**huànchéng** umtauschen in欧元；邮票　贴好；这块油　洗掉；那条围巾　拿来看看）

b) 这件皮大衣有点儿肥。我要瘦一点儿的。
（这件衣服　短 **duǎn** kurz　长 **cháng** lang；这条围巾　贵　便宜；这条裤子　大　小；这个菜　咸 **xián** salzig 清淡 **qīngdàn** (nicht stark gewürzt; leicht gewürzt)

2. Beantworten Sie mit dem Wort“有点儿”folgende Fragen:

a) 这套西服合适吗？
b) 你喜欢这个菜吗？
c) 这种桔子的味道怎么样？

3. Ergänzen Sie folgenden Dialog (eine Hose kaufen):

A: ______________________
B: 是这条吗？
A: ______________________
B: 有。这条合适不合适？
A: _____________我要这条。

V. Wir lernen schreiben:

那	那 那 那 那 那 那
件	件 件 件 件 件 件
怎	怎 怎 怎 怎 怎 怎 怎 怎 怎
样	样 样 样 样 样 样 样 样 样 样

Lektion 11

去 公 园
Qù Gōngyuán
In den Park gehen

I. Gespräch:

A:	明天	是	星期六	了，	我们	
	Míngtiān	**shì**	**xīngqīliù**	**le,**	**wǒmen**	
	morgen	sein	Samstag	*(Finalpartikel)*	wir	
	出去	玩儿	好	吗？		
	chūqù	**wánr**	**hǎo**	**ma?**		
	ausgehen	spielen	gut	*(Fragepartikel)*		

B:	好	啊！
	Hǎo	**ā!**
	gut	*(Interjektion)*

A:	现在	北京	什么	地方	最	好玩儿？
	Xiànzài	**Běijīng**	**shénme**	**dìfang**	**zuì**	**hǎowánr?**
	jetzt	Beijing	was für (ein)	Ort	*(Superlativ)*	interessant

B: 香山。
Xiāngshān.
duftender Berg

A: 为 什 么？
Wèishénme?
warum

B: 山 上 枫 树 的 叶子 都 红
Shān shàng fēngshù de yèzi dōu hóng
Berg oben Ahorn *(Strukturp.)* Blatt ganz rot

了， 非 常 好 看 。
le, fēicháng hǎokàn.
(Finalpartikel) sehr hübsch

A: 香 山 高 不 高？
Xiāngshān gāo bù gāo?
duftender Berg hoch nicht hoch

B: 比 较 高。
Bǐjiào gāo.
relativ hoch

A: 太 好 了， 我 夫人 最 喜 欢
Tài hǎo le, wǒ fūren zuì xǐhuan
zu gut *(Finalpartikel)* ich Frau *(Superlativ)* lieben

爬 山。 明 天 怎 么 走？
pá shān. Míngtiān zěnme zou?
klettern Berg morgen wie gehen

B: 如 果 刮 风 就 开 车 去。
Rúguǒ guāfēng jiù kāi chē qù.
falls windig dann fahren (mit) Wagen gehen

如 果 好 天儿 就 骑 自 行 车。
Rúguǒ hǎo tiānr jiù qí zìxíngchē.
falls gut Wetter dann fahren (mit) Fahrrad

A:	好，	要	带	午饭	吗？				
	Hǎo,	**yào**	**dài**	**wǔfàn**	**ma?**				
	gut	sollen	mitnehmen	Mittagessen	*(Fragepartikel)*				
B:	不用，	那儿	有	个	饭店，	菜	的	味道	不错。
	Búyòng,	**nàr**	**yǒu**	**gè**	**fàndiàn,**	**cài**	**de**	**wèidao**	**búcuò.**
	nicht nötig	dort	haben	*(Zählwort)*	Restaurant	Speise	*(Strukturpartikel)*	Geschmack	nicht schlecht
A:	明天	早上	几	点	走？				
	Míngtiān	**zǎoshang**	**jǐ**	**diǎn**	**zǒu?**				
	morgen	Morgen	wie viel	Uhr	starten				
B:	早	一点儿，	八	点	怎么样？				
	Zǎo	**yìdiǎnr,**	**bā**	**diǎn**	**zěnmeyàng?**				
	früh	ein bisschen	acht	Uhr	wie				
A:	太	早	了，	九	点	好	吗？		
	Tài	**zǎo**	**le,**	**jiǔ**	**diǎn**	**hǎo**	**ma?**		
	zu	früh	*(Schlusspartikel)*	neun	Uhr	gut	*(Fragepartikel)*		
B:	好	吧，	早上	九	点	你们	在	家	等	我。
	Hǎo	**ba,**	**zǎoshang**	**jiǔ**	**diǎn**	**nǐmen**	**zài**	**jiā**	**děng**	**wǒ.**
	gut	*(Schlusspartikel)*	Morgen	neun	Uhr	ihr	in	Zuhause	warten	ich
A:	明天	见！							
	Míngtiān	**jiàn!**							
	morgen	sehen							

Übersetzung:

A: Morgen ist Samstag. Wie wäre es mit einem Ausflug?

B: Eine gute Idee.

A: Wo ist es derzeit in Beijing am schönsten?

B: Auf dem duftenden Berg.

A: Weshalb?

B: Die Ahornblätter auf dem Berg sind rot geworden, das sieht schön aus.

A: Ist der duftende Berg hoch?

B: Recht hoch.

A: Prima, meine Frau klettert gerne auf Berge. Wie kommen wir morgen dorthin?

B: Wenn es windig ist, fahren wir mit dem Auto. Wenn das Wetter schön ist, fahren wir mit dem Rad.

A: Gut. Nehmen wir das Mittagessen mit?

B: Das ist nicht nötig. Es gibt dort ein Restaurant, die Speisen da sind nicht schlecht.

A: Wann gehen wir morgen früh los?

B: Lieber etwas früher; wie wär´s mit acht Uhr?

A: Das ist zu früh. Wie wär´s mit neun Uhr?

B: Gut! Morgen früh um neun Uhr wartet ihr zu Hause auf mich.

A: Bis morgen!

II. Vokabeln:

公园	**gōngyuán**	Park
明天	**míngtiān**	morgen

... 好吗？	**... hǎo ma?**	Wie wäre es mit ... ?
最	**zuì**	*(Superlativ)*
好玩儿	**hǎowánr**	interessant; unterhaltsam
香山	**xiāngshān**	duftender Berg
为什么	**wèishénme**	warum; weshalb
山	**shān**	Berg; Hügel
上	**shàng**	oben
枫树	**fēngshù**	Ahorn
叶子	**yèzi**	Blatt
高	**gāo**	hoch
比较	**bǐjiào**	relativ; verhältnismäßig; recht
爬山	**páshān**	auf Berge klettern
刮风	**guāfēng**	windig sein
如果	**rúguǒ**	falls; wenn
开（车）	**kāi (chē)**	fahren; chauffieren
好天儿	**hǎotiānr**	gutes Wetter
骑（车；马）	**qí (chē; mǎ)**	fahren (mit dem Auto); reiten (auf dem Pferd)
自行车	**zìxíngchē**	Fahrrad
午饭	**wǔfàn**	Mittagessen
不用	**búyòng**	nicht benötigen; unnötig sein
饭店	**fàndiàn**	Restaurant
不错	**búcuò**	nicht schlecht
早上	**zǎoshang**	Morgen; morgens; früh
早	**zǎo**	früh
你	**nǐ**	du
你们	**nǐmen**	ihr

家	**jiā**	Familie; Zuhause; Wohnung
明天见	**míngtiān jiàn**	bis morgen
下雨	**xiàyǔ**	regnen

III. Erläuterungen:

1. Die Sätze, in denen zwei oder mehr als zwei Verben gebraucht werden, werden als 连动句 **lián dòng jù** (Sätze mit mehr als einem Verb) bezeichnet, z. B.: "我坐公共汽车去香山。" **Wǒ zuò gōnggòng qìchē qù xiāngshān.** (Ich fahre mit dem Bus zum duftenden Berg.) "他用欧元换人民币。" **Tā yòng ōuyuán huàn rénmínbì.** (Er tauscht Euro in Renminbi um.)

2. Der Finalpartikel "了" **le** steht am Ende des Satzes. Er drückt einen neuen Zustand und eine Änderung des Zustandes (auch bei Annahme) aus, z. B.: "下雨了。" **Xiàyǔ le.** (Es regnet.) "明天是星期六了。" **Míngtiān shì xīngqīliù le.** (Morgen ist Samstag.) "如果明天还下雨就不去了。" **Rúguǒ míngtiān hái xiàyǔ jiù bú qù le.** (Wenn es morgen noch regnet, gehen wir nicht.)

3. Es gibt zwei Anredeformen an die zweite Person: siezende Form "您" **nín** (Sie) und duzende Form "你" **nǐ** (du). Die Pluralformen von ihnen lauten jeweils "您们" **nínmen** (Sie) und "你们" **nǐmen** (ihr), z. B.: "您们什么时候回来？" **Nínmen shénme shíhou huílái?** (Wann kommen Sie zurück?) "你们在家等我。" **Nǐmen zài jiā děng wǒ.** (Ihr wartet zu Hause auf mich.)

IV. Übungen:

1. Setzen Sie ein:

   您坐车去公园。

   （骑自行车　去邮局；坐公共汽车　去商店；用欧元　换人民币；去北京饭店　吃饭；去中国　旅行）

2. Beantworten Sie mit “如果…就…” folgende Fragen:

   a) 您明天去米勒家吗？
   b) 星期日你想去公园玩儿吗？

3. Ergänzen Sie mit passenden Wörtern folgende Sätze:

   明天是星期____，我们不________，想去______玩儿。我们给施密特打个______，问他明天有没有______。如果他明天有______，我们就可以________去________了。

V. Wir lernen schreiben:

明	明 明 明 明 明 明 明 明
天	天 天 天 天
去	去 去 去 去 去
玩	玩 玩 玩 玩 玩 玩 玩 玩

Lektion 12

参加晚会
Cānjiā Wǎnhuì
Bei einer Abendveranstaltung

I. Gespräch:

施密特: 今天 晚上 有 个 新年
Shīmìtè: Jīntiān wǎnshang yǒu gè xīnnián
Schmidt heute Abend haben *(Zählwort)* Neujahr

晚会。 你 参加 吗?
wǎnhuì. Nǐ cānjiā ma?
Abendveranstaltung du teilnehmen *(Fragepartikel)*

施奈德: 参加。 我 夫人 和 我 孩子 都 去。
Shīnàidé: Cānjiā. Wǒ fūren hé wǒ háizi dōu qù.
Schneider teilnehmen ich Frau und ich Kind all gehen

你 呢?
Nǐ ne?
du *(Fragepartikel)*

施密特: 我们 全 家 也 去。
Shīmìtè: Wǒmen quán jiā yě qù.
Schmidt wir ganz Familie auch gehen

* * *

施密特: 新 年 好!
Shīmìtè: Xīnnián hǎo!
Schmidt Neujahr gut

主 人: 新 年 快乐! 欢 迎,
Zhǔren: Xīnnián kuàilè! Huānyíng,
Gastgeber Neujahr Freude willkommen heißen

欢 迎!
huānyíng!
willkommen heißen

施密特: 我 们 和 你 们 一起 过 年,
Shīmìtè: Wǒmen hé nǐmen yìqǐ guò nián
Schmidt wir und ihr zusammen feiern Neujahr

非 常 高 兴!
fēicháng gāoxìng!
sehr sich freuen

主 人: 来, 为 施密特 先 生 和 夫人
Zhǔren: Lái, wèi Shīmìtè xiānsheng hé fūren
Gastgeber kommen für Schmidt Herr und Frau

的 健 康 干 杯!
de jiànkāng gānbēi!
(Strukturpartikel) Gesundheit austrinken

施奈德: 我 们 来 晚 了。 请
Shīnàidé: Wǒmen lái wǎn le. Qǐng
Schneider wir kommen spät *(Finalpartikel)* bitten

原　　谅！
yuánliàng!
Entschuldigung

主　　人：没　　关系，　　晚会　　　刚　　开始。
Zhǔren: Méi guānxì, wǎnhuì gāng kāishǐ.
Gastgeber kein Belang Abendveranstaltung erst beginnen

为　施奈德 先生　和　夫人　　的
Wèi Shīnàidé xiānsheng hé fūren de
für Schneider Herr und Frau *(Strukturpartikel)*

健　康　　干杯！
jiànkāng gānbēi!
Gesundheit austrinken

施奈德：谢　谢！　祝　　大家　节日　愉快！
Shīnàidé: Xièxie! Zhù dàjiā jiérì yúkuài!
Schneider danken wünschen alle Feiertag Freude

施密特：祝　　　大家　身体　健　康！
Shīmìtè: Zhù dàjiā shēntǐ jiànkāng
Schmidt wünschen alle Körper Gesundheit

主　　人：你们　　的　　　　中国话　　说
Zhǔren: Nǐmen de zhōngguóhuà shuō
Gastgeber ihr *(Strukturpartikel)* Chinesisch sprechen

得　　　　　　　　　　　　　　　不错。
de búcuò.
(Hilfspartikel für AZ des Intensitätsgrades) nicht schlecht

施奈德：哪里，哪里！　只　　会　　说　　一点儿，
Shīnàidé: Nǎli, nǎli! Zhǐ huì shuō yìdiǎnr,
Schneider ach, woher nur können sprechen ein bisschen

说　　得　　　　不　好。
shuō de bù hǎo.
sprechen *(Hilfspartikel für AZ)* nicht gut

*　*　*

施奈德：今天　晚上　玩儿　得　　很　高兴。
Shīnàidé: Jīntiān wǎnshang wánr de hěn gāoxìng.
Schneider heute Abend spielen *(HP für AZ)* sehr erfreulich

施密特：今天　晚上　过　得　　很
Shīmìtè: Jīntiān wǎnshang guò de hěn
Schmidt heute Abend verbringen *(HP für AZ)* sehr

愉快。
yúkuài.
erfreulich

施奈德：谢谢　你们　的　　热情　招待。
Shīnàidé: Xièxie nǐmen de rèqíng zhāodài.
Schneider danken ihr *(Strukturpartikel)* herzlich Empfang

主　人：你们　太　客气　了。
Zhǔren: Nǐmen tài kèqi le.
Gastgeber ihr zu höflich *(Finalpartikel)*

施密特：请　留步！
Shīmìtè: Qǐng liúbù!
Schmidt bitten sich den Weg sparen

主　人：你 们　　慢　　走。
Zhǔrén: Nǐmen　màn　zǒu.
Gastgeber ihr　langsam　gehen

Übersetzung:

Schmidt: Heute Abend gibt es eine Silvesterabendveranstaltung, nimmst du daran teil?
Schneider: Ja, meine Frau und mein Kind gehen auch mit. Und du?
Schmidt: Meine ganze Familie geht hin.

*　*　*

Schmidt: Glückliches neues Jahr!
Gastgeber: Prosit Neujahr! Willkommen, willkommen!
Schmidt: Wir freuen uns sehr, zusammen mit euch Neujahr zu feiern.
Gastgeber: Lasst uns auf die Gesundheit von Frau und Herrn Schmidt trinken!
Schneider: Entschuldigt bitte, dass wir spät kommen.
Gastgeber: Es macht nichts, die Abendveranstaltung hat gerade erst begonnen. Auf die Gesundheit von Frau und Herrn Schneider!
Schneider: Danke schön. Wir wünschen allen ein fröhliches Fest!
Schmidt: Wir wünschen allen Gesundheit!
Gastgeber: Ihr sprecht recht gut Chinesisch!
Schmidt: Ach, woher! Ich kann nur ein bisschen Chinesisch sprechen, und ich spreche nicht gut.

*　　*　　*

Schneider: Heute Abend war es sehr nett.

Schmidt: Wir haben einen schönen Abend verbracht.

Schneider: Vielen Dank für die herzliche Aufnahme!

Gastgeber: Ihr seid zu höflich.

Schmidt: Macht euch bitte nicht die Mühe, uns hinauszubegleiten.

Gastgeber: Kommt gut nach Hause!

II. Vokabeln:

参加	**cānjiā**	teilnehmen
晚会	**wǎnhuì**	Abendveranstaltung
晚上	**wǎnshang**	Abend
新年	**xīnnián**	Neujahr
新年晚会	**xīnnián wǎnhuì**	Silvesterabendveranstaltung
孩子	**háizi**	Kind
呢	**ne**	*(Fragepartikel)*
全	**quán**	all; ganz
全家	**quán jiā**	die ganze Familie
新年好	**xīnnián hǎo**	glückliches neues Jahr
主人	**zhǔren**	Gastgeber
新年快乐	**xīnnián kuàilè**	prosit Neujahr
过年	**guònián**	Neujahr feiern
为	**wèi**	für; auf
健康	**jiànkāng**	Gesundheit
干杯	**gānbēi**	prost; austrinken

晚	**wǎn**	spät
原谅	**yuánliàng**	entschuldigen; verzeihen
刚	**gāng**	eben; erst
开始	**kāishǐ**	beginnen; anfangen
祝	**zhù**	wünschen
大家	**dàjiā**	alle
节日愉快	**jiérì yúkuài**	fröhliches Fest
中国话	**zhōngguóhuà**	Chinesisch
说	**shuō**	sprechen
得	**de**	*(Hilfspartikel für AZ der Fähigkeit oder des Ereignisses oder des Intensitätsgrades)*
哪里	**nǎli**	wo; Höflichkeitsfloskel: Keine Ursache! Gern geschehen! (auf Dank hin); Ach woher! Keinesfalls! (auf Komplimente)
只	**zhǐ**	nur
玩儿	**wánr**	spielen; sich amüsieren
过	**guò**	verbringen
愉快	**yúkuài**	Freude; fröhlich; erfreulich
热情	**rèqíng**	herzlich
招待	**zhāodài**	empfangen; Aufnahme; Empfang
客气	**kèqi**	höflich
留步	**liúbù**	sich den Weg sparen
慢走	**mànzǒu**	Höflichkeitsfloskel: gut nach Hause

III. Erläuterungen:

1. Das Adjektiv, das hinter dem Verb steht, drückt das Ergebnis einer Handlung aus und wird als 程度补语**chéngdù bǔyǔ** (Ergänzungswort zur Handlung) bezeichnet. In diesem Zusammenhang wird das Hilfsverb “得” **de** zwischen Adjektiv und Verb gebraucht und dient als adverbialer Zusatz des Ereignisses und des Intensitätsgrades, z. B.: “他的中国话说得很好。” **Tā de zhōngguóhuà shuō de hěn hǎo.** (Er spricht sehr gut Chinesisch.) Im verneinenden Satz steht das Verneinungswort “不” **bù** (nicht) vor dem Adjektiv, z. B. “他的中国话说得不好？” **Tā de zhōngguóhuà shuō de bù hǎo.** (Er spricht nicht gut Chinesisch.) Bei Fragestellung sagt man: “他的中国话说得好吗？” **Tā de zhōngguóhuà shuō de hǎo ma?** (Spricht er gut Chinesisch?) “他的中国话说得好不好？” **Tā de zhōngguóhuà shuō de hǎo bù hǎo?** (Spricht er gut Chinesisch oder nicht gut?) oder “他的中国话说得怎么样？” **Tā de zhōngguóhuà shuō de zénmeyàng?** (Wie steht es mit seinem Chinesisch?)

2. Außer der Grundbedeutung „wo“ wird “哪里” **nǎli** beim Antworten als Verneinungswort gebraucht und drückt Höflichkeit aus, z. B.:

A: 你学习得不错。 A: Du lernst nicht schlecht.
B: 哪里，哪里。 B: Ach, woher!
A: 对不起，我来晚了。A: Verzeihung, ich komme spät.
B: 哪里，你来得不晚。B: Keineswegs, du kommst nicht spät.

IV. Übungen:

1. Lernen Sie folgende Wortgruppen auswendig:

吃得很好	吃得不好	吃得好不好
写得很好	写得不好	写得好不好
走得很慢	走得不慢	走得慢不慢
洗得很干净	洗得不干净	洗得干净不干净
来得很晚	来得不晚	来得晚不晚
过得很愉快	过得不愉快	过得愉快不愉快
招待得很热情	招待得不热情	招待得热情不热情

2. Ergänzen Sie folgenden Dialog:

a) A: ______________________
   B: 哪里，哪里，你来得不晚。
b) A: ______________________
   B: 哪里，哪里，你太客气了。
c) A: ______________________
   B: 哪里，哪里 ，我的衣服不好看。
d) A: ______________________
   B: 哪里，哪里 ，我写得不好。

3. Beantworten Sie folgende Fragen:

a) 你们新年过得怎么样?
b) 你为什么不去旅行了?

c) 你们昨天在香山玩儿得怎么样？

V. Wir lernen schreiben:

新	新新新新新新新新新新新新新
年	年 年 年 年 年 年
晚	晚晚晚晚晚晚晚晚晚晚晚
会	会 会 会 会 会 会

Lektion 13

谈 天 气
Tán Tiānqì
Über das Wetter

I. Gespräch:

A: 你 是 什么 时候 来 北京
Nǐ shì shénme shíhou lái Běijīng
ni sein was für (ein) Zeit kommen Beijing

的？
de?
(Hilfspartikel)

B: 是 去年 秋天 来 的。
Shì qùnián qiūtiān lái de.
sein letztes Jahr Herbst kommen *(Hilfspartikel)*

A: 正 是 旅游 的 好 时候。
Zhèng shì lǚyóu de hǎo shíhou.
gerade sein Reise *(Strukturpartikel)* gut Zeit

B: 可不是，不 冷 不 热。
Kěbúshì, bù lěng bú rè.
eben nicht kalt nicht heiß

A: 北京 冬天 很 冷，你 可能 不
Běijīng dōngtiān hěn lěng, nǐ kěnéng bù
Beijing Winter sehr kalt du vielleicht nicht

习惯 吧！
xíguàn ba!
gewohnt sein *(Schlusspartikel)*

B: 还好。
Háihǎo.
leidlich

A: 你们 国家 冬天 常 下雪 吗？
Nǐmen guójiā dōngtiān cháng xiàxuě ma?
ihr Land Winter oft schneien *(Fragepartikel)*

B: 常 下雪。 听说 北京 春天 老
Cháng xiàxuě. Tīngshuō Běijīng chūntiān lǎo
oft schneien Hörensagen Beijing Frühling immer

刮风， 不 下雨。
guāfēng, bú xiàyǔ.
windig sein nicht regnen

A: 北京 的 春天 比较 干燥。
Běijīng de chūntiān bǐjiào gānzào.
Beijing *(Strukturpartikel)* Frühling relativ trocken

B: 北京 的 夏天 热 不 热？
Běijīng de xiàtiān rè bú rè?
Beijing (Strukturpartikel) Sommer heiß nicht heiß

A: 不 是 特别 热， 因为 经常 会
Bú shì tèbié rè, yīnwéi jīngcháng huì
nicht sein besonders heiß denn oft können

下雨。
xiàyǔ.
regnen

B: 这 和 我们 国家 的 南方 差不多。
Zhè hé wǒmen guójiā de nánfāng chàbùduō.
dies und wir Land *(SP.)* Süden fast gleich

A: 你 的 家乡 在 南方 还是 北方?
Nǐ de jiāxiāng zài nánfāng háishì běifāng?
du *(SP.)* Heimatort in Süden oder Norden

B: 在 中部, 冬天 很 暖和, 夏天 很
Zài zhōngbù, dōngtiān hěn nuǎnhé, xiàtiān hěn
in Mitte Winter sehr warm Sommer sehr

凉快。
liángkuài.
kühl

A: 是 个 旅游 的 好 地方。
Shì gè lüyóu de hǎo dìfang.
sein *(Zählwort)* Reise *(Strukturpartikel)* gut Ort

B: 对。
Duì.
richtig

Übersetzung:

A: Wann bist du nach Beijing gekommen?

B: Im letzten Herbst.

A: Das ist gerade die Reisesaison.

B: Genau, es ist weder kalt noch heiß.

A: In Beijing ist es im Winter sehr kalt, daran bist du vielleicht nicht gewöhnt.

B: Doch, es geht.

A: Schneit es bei euch im Winter häufig?

B: Ja, ich habe gehört, dass es im Frühling in Beijing sehr windig ist und selten regnet.

A: Im Frühling ist es recht trocken.

B: Ist es im Sommer heiß?

A: Es ist nicht extrem heiß, weil es oft regnet.

B: Das ist fast wie bei uns im Süden.

A: Liegt deine Heimat im Süden oder im Norden?

B: In der Mitte; im Winter ist es schön warm und im Sommer sehr kühl.

A: Ein gutes Reiseziel.

B: Genau.

II. Vokabeln:

谈	**tán**	sprechen; reden
天气	**tiānqì**	Wetter
去年	**qùnián**	letztes Jahr
秋天	**qiūtiān**	Herbst
旅游	**lǚyóu**	reisen; Reise

可不是	**kěbúshì**	eben; genau
冷	**lěng**	kalt
热	**rè**	heiß
冬天	**dōngtiān**	Winter
习惯	**xíguàn**	Gebräuche; Gewohnheit; gewohnt sein; sich an ... gewöhnen
还好	**háihǎo**	leidlich; nicht schlecht
国家	**guójiā**	Staat; Land
常	**cháng**	oft
下雪	**xiàxuě**	schneien
听说	**tīngshuō**	sagen hören; vom Hörensagen wissen
春天	**chūntiān**	Frühling
老	**lǎo**	alt; stets; immer; oft
干燥	**gānzào**	trocken
夏天	**xiàtiān**	Sommer
经常	**jīngcháng**	häufig; öfter
和...差不多	**hé ... chàbùduō**	fast gleich wie ...
南方	**nánfāng**	Süden
家乡	**jiāxiāng**	Heimatort; Heimat
北方	**běifāng**	Norden
中部	**zhōngbù**	Mitte
暖和	**nuǎnhé**	warm
凉快	**liángkuài**	kühl

III. Erläuterungen:

Wenn man die Art und Weise einer Handlung, die schon vorgenommen worden ist, oder die Zeit und den Ort eines Geschehens betont, wird die Rahmenkonstruktion “是……的” gebraucht, z. B.: “你［是］什么时候来的？” **Nǐ [shì] shénme shíhòu lái de?** (Wann bist du gekommen?) “我［是］去年秋天来的。” **Wǒ [shì] qùnián qiūtiān lái de.** (Ich bin im letzten Herbst gekommen.) “你［是］坐什么车来的？” **Nǐ [shì] zuò shénme chē lái de?** (Mit welchem Verkehrsmittel bist du gekommen?) “我［是］坐公共汽车来的。” **Wǒ [shì] zuò gōnggòng qìchē lái de?** (Ich bin mit dem Bus gekommen?)

Wenn ein Objekt gebraucht wird, kann man sagen: “我［是］去年秋天来北京的。” **Wǒ[shì] qùnián qiūtiān lái Běijīng de.** (Ich bin im letzten Herbst nach Beijing gekommen.)
Im bejahenden Satz kann das Wort “是” weggelassen werden. Aber im verneinenden Satz muss das Wort gebraucht werden, z. B: “我不是去年秋天来的。” **Wǒ bú shì qùnián qiūtiān lái de.** (Ich bin nicht im letzten Herbst gekommen.)

IV. Übungen:

1. Setzen Sie ein:

   我是<u>八月二日</u>去香山的。（上星期、去年、坐汽车、骑车、和朋友一起）

2. Beantworten Sie folgende Fragen:

a) 你是从哪儿来中国的？
b) 你是什么时候来北京的？
c) 你是和谁一起去香山的？
d) 你的皮大衣是在中国买的吗？
e) 你的人民币是在哪个银行换的？

V. Wir lernen schreiben:

春	春 春 春 春 春 春 春 春 春
夏	夏 夏 夏 夏 夏 夏 夏 夏 夏 夏
秋	秋 秋 秋 秋 秋 秋 秋 秋 秋
冬	冬 冬 冬 冬 冬

Lektion 14

过 春 节
Guò Chūnjié
Das Frühlingsfest feiern

I. Gespräch:

韦 伯: 你 手 里 拿 的 什 么?
Wéibó: Nǐ shǒu lǐ ná de shénme?
Weber: du Hand in nehmen *(Strukturpartikel)* was

王: 爆 竹。 快 过 春 节 了, 这
Wáng: Bàozhú. Kuài guò chūnjié le, zhè
Wang: Feuerwerk bald verbringen Frühlingsfest *(Finalp.)* dies

是 给 孩 子 买 的。
shì gěi háizi mǎi de.
sein für Kind kaufen *(Hilfspartikel)*

韦 伯: 哪 天 是 中 国 的 春 节?
Wéibó: Nǎ tiān shì Zhōngguó de chūnjié?
Weber: welcher Tag sein China *(Strukturp.)* Frühlingsfest

王: 下 星 期 日 是 除 夕, 星 期 一 是
Wáng: Xià xīngqīrì shì chúxī, xīngqīyī shì
Wang: nächst Sonntag sein Silvester Montag sein

大 年 初 一, 就 是 春 节。
dànián chūyī, jiù shì chūnjié.
der erste Tag des neuen Jahres nämlich sein Frühlingsfest

韦　伯: 中　　国 人　　春 节　　怎 么　　过?
Wéibó: Zhōngguórén　　chūnjié　　zénme　　guò?
Weber: Chinese　　Frühlingsfest　　wie　　verbringen

王:　除 夕　　晚 上　　一家人　　在　　一起
Wáng: Chúxī　　wǎnshang　　yìjiārén　　zài　　yìqǐ
Wang: Silvester　　Abend　　die ganze Familie　　in　　zusammen

吃　　年 夜 饭,　　也　　叫 做
chī　　niányèfàn,　　yě　　jiàozuò
essen　　Silvester Essen　　auch　　heißen

团　　圆　　饭。　　初 一　　早　　上
tuányuánfàn.　　Chūyī　　zǎoshang
festliches Essen bei Familientreffen　　erster Tag　　Morgen

开 始　　互 相　　拜 年。
kāishǐ　　hùxiāng　　bàinián.
beginnen　　einander　　zum Neujahr gratulieren

韦　伯: 我　　看 见　很　　多　　人 家　　门 口 儿　还　　贴
Wéibó: Wǒ　　kànjiàn　hěn　duō　　rénjiā　　ménkǒur　　hái　　tiē
Weber: ich　　sehen　　sehr　viel　　Familie　　Eingang　　noch　kleben

红　　纸 条 儿。
hóng　　zhǐtiáor.
rot　　Papierstreifen

王:　那　　叫　　春 联。
Wáng: Nà　　jiào　　chūnlián.
Wang: jener　　heißen　　Neujahrsspruchrollen

韦　伯: 春　　节　　好 象　　比　　新 年
Wéibó: Chūnjié　　hǎoxiàng　　bǐ　　xīnnián
Weber: Frühlingsfest　　scheinen　　als *(vergleichend)*　　Neujahr

还　　隆重。
hái　lóngzhòng.
noch　feierlich

王：　对。　春节　是　中国　最　大
Wáng: Duì.　Chūnjié　shì　Zhōngguó　zuì　dà
Wang: richtig　Frühlingsfest　sein　China　*(Superlativ)*　groß

的　传统　节日。在　中国　南方，
de　chuántǒng　jiérì. Zài　Zhōngguó　nánfāng,
(SP.)　traditionell　Fest　in　China　Süden

还　有　舞　龙灯　什么的，可
hái　yǒu　wǔ　lóngdēng　shénme de,　kě
noch　haben　spielen　Drachenlaterne　dergleichen　sehr

热闹　了。
rènào　le.
belebt　*(Finalpartikel)*

韦伯：在　中国　过　春节　太
Wéibó: Zài　Zhōngguó　guò　chūnjié　tài
Weber: in　China　verbringen　Frühlingsfest　außerordentlich

有　意思　了。
yǒu　yìsi　le.
interessant sein　*(Finalpartikel)*

王：　除夕　晚上，　你　和　我们　一起
Wáng: Chúxī　wǎnshang,　nǐ　hé　wǒmen　yìqǐ
Wang: Silvester　Abend　du　und　wir　zusammen

过　春节，　吃　完　年夜饭，
guò　chūnjié,　chī　wán　niányèfàn,
verbringen　Frühlingsfest　essen　fertig　Silvester Essen

	我们	看	孩子们	燃放	爆竹,	好
	wǒmen	**kàn**	**háizi men**	**ránfàng**	**bàozhú,**	**hǎo**
	wir	sehen	Kinder	abbrennen	Feuerwerk	gut
	吗?					
	ma?					
	(Fragepartikel)					

韦伯:	那	我	太	高兴	了。
Wéibó:	**Nà**	**wǒ**	**tài**	**gāoxìng**	**le.**
Weber:	also	ich	außerordentlich	sich freuen	*(Finalpartikel)*

Übersetzung:

Weber: Was hältst du in der Hand?

Wang: Feuerwerk. Das Frühlingsfest steht vor der Tür, das habe ich für meine Kinder gekauft.

Weber: An welchem Tag ist das chinesische Frühlingsfest?

Wang: Am nächsten Sonntag ist Silvester, und Montag ist der erste Tag des ersten Monats nach dem chinesischen Kalender, nämlich das Frühlingsfest.

Weber: Wie feiern die Chinesen das Frühlingsfest?

Wang: Am Silvesterabend kommen alle Familenangehörigen zusammen und nehmen ein festliches Mahl, nämlich „Nianyefan“ ein, das nennen wir auch „Tuanyuanfan“, festliches Essen bei einem Familientreffen. Und am Morgen des ersten Frühlingsfesttages begrüßen die Leute einander und wünschen einander ein glückliches neues Jahr.

Weber: Ich habe gesehen, dass an den Türrahmen vieler Familien rotes Papier klebt.

Wang: Das sind Neujahrsspruchrollen.

Weber: Das Frühlingsfest scheint noch feierlicher als das Neujahr zu sein.

Wang: Genau, das Frühlingsfest ist das wichtigste traditionelle chinesische Fest. In Südchina werden noch Drachenlaternen und dergleichen gezeigt, dort herrscht ein sehr lebhaftes Treiben.

Weber: Es würde mich sehr interessieren, in China das Frühlingsfest mitzufeiern.

Wang: Am Silvesterabend kommst du zu uns, und nach dem festlichen Essen gucken wir, wie die Kinder Feuerwerk abbrennen. Wie wäre das?

Weber: Also, ich freue mich sehr darauf.

II. Vokabeln:

春节	**chūnjié**	Frühlingsfest
手	**shǒu**	Hand
里	**lǐ**	in
拿	**ná**	nehmen; halten
爆竹	**bàozhú**	Feuerwerk
快	**kuài**	bald; gleich; fast
给	**gěi**	geben; für

除夕	**chúxī**	Silvester
大年初一	**dànián chūyī**	der erste Tag des neuen Jahres
中国人	**zhōngguórén**	Chinese; Chinesin
一家人	**yìjiārén**	die ganze Familie
年夜饭	**niányèfàn**	Silvester Essen
叫做	**jiàozuò**	heißen
团圆饭	**tuányuánfàn**	Essen bei Familientreffen
初一	**chūyī**	der erste Tag eines Monats
互相	**hùxiāng**	einander
拜年	**bàinián**	zum Neujahr gratulieren
多	**duō**	viel; mehr; über
人家	**rénjiā**	Familie
门口儿	**ménkǒur**	Eingang
纸条儿	**zhǐtiáor**	Papierstreifen
春联	**chūnlián**	Neujahrsspruchrollen
好象	**hǎoxiàng**	scheinen; gleich wie
比	**bǐ**	als; vergleichen
隆重	**lóngzhòng**	feierlich
传统	**chuántǒng**	traditionell; Tradition
节日	**jiérì**	Fest; Festtag
舞	**wǔ**	spielen; tanzen
龙灯	**lóngdēng**	Drachenlaterne
什么的	**shénme de**	dergleichen
可	**kě**	sehr
热闹	**rènào**	belebt

有意思	**yǒu yìsi**	interessant sein
完	**wán**	fertig
们	**men**	Suffix zur Bildung des Plurals von Personen
燃放	**ránfàng**	abbrennen

III. Erläuterungen:

1. Mt dem Wort “比” **bǐ** wird eine Steigerungsstufe beim Adjektiv zum Ausdruck gebracht, z. B.: “今天比昨天冷。” **Jīntiān bǐ zuótiān lěng.** (Heute ist es kälter als gestern.) “今天比昨天更冷。” **Jīntiān bǐ zuótiān gèng lěng.** (Heute ist es noch kälter als gestern.) “今天比昨天冷一点儿。” **Jīntiān bǐ zuótiān lěng yìdiǎnr.** (Heute ist es ein bisschen kälter als gestern.) “今天比昨天冷得多。” **Jīntiān bǐ zuótiān lěng de duō.** (Heute ist es viel kälter als gestern.) Im verneinenden Satz steht das Verneinungswort “不” **bù** vor dem Wort “比” **bǐ**, z. B.: “今天不比昨天冷。” **Jīntiān bù bǐ zuótiān lěng.** (Heute ist es nicht kälter als gestern.)

2. “快... 了” **kuài ... le:** Wenn man ein Ergebnis, das bald geschehen wird, ausdrückt, wird die Rahmenformel “快... 了” im Satz gebraucht, z. B.: “他快回来了。” **Tā kuài huílái le.** (Er wird bald zurückkommen.) “快十二点了。” **Kuài shíèr diǎn le.** (Es ist gleich zwölf Uhr.)

IV. Übungen:

1. Setzen Sie ein:

中国的春节比新年（还）隆重。
（我们国家　中国　冷；银行　邮局　远；饺子　米饭　好吃；这种桔子　那种　甜；他的身体　我的身体　好）

2. Ergänzen Sie mit der Rahmenformel “快…了” folgenden Dialog:

a) A: 现在几点了？
B: ______________________
b) A: 我的西服洗好了吗？
B: ______________________
c) A: 你要买什么？
B: ______________________

V. Wir lernen schreiben:

很	很很很很很很很很很
有	有有有有有有
意	意意意意意意意意意意意意意
思	思思思思思思思思思

Lektion 15

游览北京
Yóulǎn Běijīng
Besichtigung in Beijing

I. Gespräch:

A: 你 来 北京 多久 了？
Nǐ lái Běijīng duō jiǔ le?
du kommen Beijing wie lange *(Finalpartikel)*

B: 半 个 多 月 了。
Bàn gè duō yuè le.
halb *(Zählwort)* mehr Monat *(Finalpartikel)*

A: 北京 市内 的 名胜古迹
Běijīng shìnèi de míngshèng gǔjī
Beijing Innenstadt *(Strukturpartikel)* Sehenswürdigkeiten
你 都 参观 过
nǐ dōu cānguān guò
du all besichtigen *(Adverbialer Zusatz des Ereignisses)*
了 吗？
le ma?
(Finalpartikel) (Fragepartikel)

B: 差 不 多。
Chà bu duō
fast alle

A: 长城、十三陵也去了？
Chángchéng, shísānlíng yě qù le?
Große Mauer Ming-Gräber auch gehen *(Finalpartikel)*

B: 去了，“不到长城非
Qù le, „Bú dào chángchéng fēi
gehen *(Finalpartikel)* nicht erreichen Große Mauer kein
好汉”嘛！
hǎohàn“ ma!
guter Kerl (Finalpartikel)

A: 爬到顶了吗？
Pá dào dǐng le ma?
klettern gelangen Spitze *(Finalpartikel)* *(Fragepartikel)*

B: 那还用说。下来的
Nà hái yòng shuō. Xiàlái de
jener noch brauchen sagen absteigen *(Strukturpartikel)*
时候可不大好走。
shíhou kě bú dà hǎo zǒu.
Zeit aber nicht sehr gut gehen

A: 是啊！人们
Shì a! Rénmen
sein *(Finalpartikel zur Bildung eines Aufrufsatzes)* man
常说：上山容易下山
cháng shuō: Shàng shān róngyì xià shān
oft sagen besteigen Berg leicht heruntergehen Berg
难。“十渡”去过吗？
nán. „Shídù“ qù guò ma?
schwer Shidu gehen *(AZ des Ereignisses)* *(Fragepartikel)*

B: “十渡” 在 哪儿？
“Shídù” zài nǎr?
Shidu in wo

A: 离 北京 比较 远， 坐 汽车
Lí Běijing bǐjiào yuǎn, zuò qìchē
entfernt Beijing relativ weit fahren mit Auto

来回 得 七 个 多 小时。
láihuí děi qī gè duō xiǎoshí.
hin und zurück brauchen sieben *(Zählwort)* mehr Stunden

B: 好看 吗？
Hǎokàn ma?
hübsch *(Fragepartikel)*

A: 有 山 有 水， 风景 美 极
Yǒu shān yǒu shuǐ, fēngjǐng měi jí
haben Berg haben Wasser Landschaft schön äußerst

了， 人们 叫 它 “小 桂林”。
le, rénmen jiào tā “xiǎo Guìlín”.
(Finalpartikel) man nennen es klein Guilin

B: 就是 说，和 广西 的 桂林 一样 美？
Jiùshì shuō, hé Guǎngxī de Guìlín yíyàng měi?
das heißt wie Guangxi *(SP.)* Guilin gleich schön

A: 对。
Duì.
richtig

B: 那 我 一定 要 去 游览。
Nà wǒ yídìng yào qù yóulǎn.
so ich unbedingt wollen gehen besichtigen

Übersetzung:

A: Wie lange bist du schon in Beijing?

B: Über einen halben Monat.

A: Hast du Sehenswürdigkeiten in der Stadt besichtigt?

B: Fast alle.

A: Und hast du die Große Mauer und die Ming-Gräber gesehen?

B: Ja, „Wer die Große Mauer nicht erreicht, ist kein ganzer Kerl!"

A: Warst du an der höchsten Stelle?

B: Das ist doch selbstverständlich! Aber mit dem Absteigen war es nicht so einfach.

A: Ja doch! Wie die Redensart so trefflich sagt: Bergauf geht es leichter als bergab. Warst du in Shidu?

B: Wo liegt Shidu?

A: Es befindet sich relativ weit entfernt von Beijing, mit dem Auto hin und zurück braucht man mehr als sieben Stunden.

B: Wie schön ist die Landschaft dort?

A: Es gibt Berge und Flüsse, die Landschaft ist sehr faszinierend, man bezeichnet Shidu als „Klein-Guilin".

B: Das heißt, dass Shidu genauso schön wie Guilin in Guangxi ist.

A: Genau!

B: So werde ich bestimmt dorthin gehen.

II. Vokabeln:

游览	**yóulǎn**	besichtigen; Besichtigung
多久	**duō jiǔ**	wie lange
市内	**shìnèi**	Innenstadt; City

名胜古迹	**míngshèng gǔjī**	Sehenswürdigkeiten
参观	**cānguān**	besichtigen; besuchen
差不多	**chà bu duō**	fast gleich; ähnlich
长城	**chángchéng**	die Große Mauer
十三陵	**shísānlíng**	die Ming-Gräber
非	**fēi**	nicht; kein
好汉	**hǎohàn**	guter Kerl
嘛	**ma**	*(Finalpartikel für eine klar erkennende Aussage)*
爬	**pá**	klettern; besteigen
顶	**dǐng**	Spitze; Gipfel
那还用说	**nà hái yòng shuō**	Das ist ja selbstverständlich
下来	**xiàlái**	herunterkommen; herabsteigen
不大	**bú dà**	nicht sehr; nicht so
好走	**hǎo zǒu**	sich gut laufen lassen
啊	**a**	ah *(Finalpartikel zur Bildungeines Ausrufsatzes)*
人们	**rénmen**	man; Leute
上	**shàng**	besteigen; hinaufsteigen
容易	**róngyì**	leicht; einfach
下	**xià**	heruntergehen; absteigen
十渡	**shídù**	Shidu — ein schönes Ausflugsziel
离	**lí**	entfernt von ... sein
汽车	**qìchē**	Auto; Kraftfahrzeug
来回	**láihuí**	hin und zurück
得	**děi**	brauchen; benötigen; müssen; erforderlich sein

好看	**hǎokàn**	hübsch; gutaussehend; nett
水	**shuǐ**	Wasser; Fluß
风景	**fēngjǐng**	Landschaft
美	**měi**	schön
叫	**jiào**	nennen; heißen
它	**tā**	es
就是说	**jiùshì shuō**	das heißt; das bedeutet
和 ... 一样	**hé ... yíyàng**	genauso ... wie
一定	**yídìng**	unbedingt; bestimmt

III. Erläuterungen:

1. Die beiden Wörter "来" **lái** und "去" **qù** sind Richtungsverben und stehen im Satz meist hinter dem anderen Verb, z. B.: "他出去了。" **Tā chūqù le.** (Er ist ausgegangen.) "他从家里出来了。" **Tā cóng jiā lǐ chūlái le.** (Er kommt aus dem Haus heraus.) "你带报纸来了吗？" **Nǐ dài bàozhǐ lái le ma?** (Hast du die Zeitung mitgebracht?) "他到北京去了。" **Tā dào Běijīng qù le.** (Er ist nach Beijing gefahren.)

2. "和…一样" **gēn... yíyàng** (genauso ... wie) drückt ein gleiches oder ein ähnliches Ergebnis im Vergleich einer Sache mit einer anderen Sache aus, z. B.: "这里的气候和我们国家的［气候］一样。" **Zhèlǐ de qìhòu hé wǒmen guójiā de [qìhòu] yíyàng.** (Das Klima hier ist genauso wie [das] bei uns.) Im verneinenden Satz: "她的皮大衣和我的不一样。" **Tā de pídàyi hé wǒde bù yíyàng.** (Ihr Pelzmantel ist nicht gleich wie meiner.)

IV. Übungen:

1. Lernen Sie folgende Wortgruppen auswendig:

进来　出来　上来　下来　回来　过来

进去　出去　上去　下去　回去　过去

买来一公斤桔子　　打来一个电话

寄去三百欧元　　带去一件皮大衣

拿来一瓶啤酒　　送来一份午饭

进商店去　　回家来　　上山来

2. Ergänzen Sie mit den Wörtern “来” oder “去” folgende Sätze:

a) 下雨了，我们快进屋_____吧！

b) 米勒先生不在家，他到北京_____了。

c) 这件衣服是我朋友送_____的。

d) 昨天是谁打_____的电话。

e) 他给夫人寄_____了一张明信片。

V. Wir lernen schreiben:

游	游游游游游游游游游游游游
览	览览览览览览览览览
名	名名名名名名
胜	胜胜胜胜胜胜胜胜胜

Lektion 16

祝 贺 生 日
Zhùhè Shēngrì
Glückwunsch zum Geburtstag

I. Gespräch:

A:	米勒	先生，	祝贺	您	生日	
	Mǐlè	**xiānshèng,**	**zhùhè**	**nín**	**shēngrì**	
	Müller	Herr	gratulieren	Sie	Geburtstag	
	快乐。					
	kuàilè.					
	fröhlich					
B:	这	是	我们	送给	您	的
	Zhè	**shì**	**wǒmen**	**sòng gěi**	**nín**	**de**
	dies	sein	wir	schenken	Sie	*(Strukturpartikel)*
	生日	礼物。				
	shēngrì	**lǐwù.**				
	Geburtstag	Geschenk				

C:	谢谢！	啊，	一	个	小	老头儿，	真	
	Xièxie!	**A,**	**yí**	**gè**	**xiǎo**	**lǎotóur,**	**zhēn**	
	danken	ah	ein	*(Zählwort)*	klein	Greis	sehr	
	有趣。							
	yǒuqù.							
	interessant							

B: 这 叫 老 寿 星， 就是 健 康
Zhè jiào lǎo shòuxing, jiùshì jiànkāng
dies heißen alt Gott der Langlebigkeit nämlich gesund
长 寿 老人 的 意思。
chángshòu lǎorén de yìsi.
langlebig alter Mann *(Strukturpartikel)* Bedeutung

A: 祝 您 和 他 一样 健 康 长 寿。
Zhù nín hé tā yíyàng jiànkāng chángshòu.
wünschen Sie wie er gleich gesund langlebig

C: 谢 谢！ 来， 请 吃 蛋 糕。
Xièxie! Lái, qǐng chī dàngāo.
danken kommen bitten essen Torte

A: 谢 谢！
Xièxie!
danken

C: 中 国 人 过 生 日， 吃 什 么？
Zhōngguórén guò shēngrì, chī shénme?
Chinese feiern Geburtstag essen was

A: 吃 面 条 儿。
Chī miàntiáor.
essen Nudel

B: 我 们 叫 它 长 寿 面。
Wǒmen jiào tā chángshòumiàn.
wir nennen es Nudel der Langlebigkeit

C: 您 二 位 的 生 日 是 哪 天？
Nín èr wèi de shēngrì shì nǎ tiān?
Sie zwei *(Zählwort)* *(SP.)* Geburtstag sein welcher Tag

A: 我 的 生 日 已 经 过 了。
Wǒ de shēngrì yǐjing guò le.
ich *(SP.)* Geburtstag schon vorüber *(Finalpartikel)*
六 月 十 五 号 是 我 夫人 的
Liùyuè shíwǔ hào shì wǒ fūren de
Juni fünfzehn Tag sein ich Frau *(Strukturp.)*
生 日， 她 来 做 几个 她 的
shēngrì, tā lái zuò jǐ gè tā de
Geburtstag sie kommen kochen einige sie *(Strukturp.)*
拿 手 菜， 让 您 来 尝 尝。
náshǒucài, ràng nín lái chángchang.
Meisterspeise lassen Sie kommen probieren

C: 一 定 去， 还 要 尝 尝
Yídìng qù, hái yào chángchang
bestimmt gehen noch wollen probieren
长 寿 面 呢。
chángshòumiàn ne.
Nudel der Langlebigkeit *(Schlusspartikel)*

Übersetzung:

A: Herr Müller, wir wünschen Ihnen einen fröhlichen Geburtstag.

B: Das ist ein Geburtstagsgeschenk für Sie.

C: Danke! Ah, ein kleiner Greis, sehr interessant.

B: Das heißt „Lao Shouxing“, also ein Gott, der die Gesundheit und Langlebigkeit symbolisiert.

A: Wir hoffen, dass Sie ebenso gesund und langlebig bleiben wie er.

C: Danke! Kommen Sie bitte Torte essen.

A: Danke!

C: Was gibt es zur Feier des Geburtstages eines Chinesen zu essen?

A: Wir essen Nudeln.

B: Wir nennen sie „Nudeln der Langlebigkeit“.

C: An welchen Tagen werden Ihre Geburtstage gefeiert?

A: Mein Geburtstag ist schon gefeiert worden. Der 15. Juni ist Geburtstag meiner Frau, sie wird einige ihrer Meisterspeisen zubereiten und Sie zum Probieren einladen.

C: Ich werde sicher zu Ihnen kommen und „Nudeln der Langlebigkeit“ probieren.

II. Vokabeln:

祝贺	**zhùhè**	gratulieren
生日	**shēngrì**	Geburtstag
快乐	**kuàilè**	fröhlich; Freude
送给	**sòng gěi**	jmdm ... schenken
礼物	**lǐwù**	Geschenk
老头儿	**lǎotóur**	älterer Mann; Greis
真	**zhēn**	wirklich; wahrhaft

有趣	**yǒuqù**	interessant; lustig
寿星	**shòuxing**	Gott der Langlebigkeit
长寿	**chángshòu**	langlebig
老人	**lǎorén**	Alte(r); Greis
意思	**yìsi**	Bedeutung
蛋糕	**dàngāo**	Torte
过生日	**guò shēngrì**	Geburtstag feiern
面条儿	**miàntiáor**	Nudel
长寿面	**chángshòumiàn**	Nudel der Langlebigkeit
过	**guò**	vorüber sein
让	**ràng**	lassen
做	**zuò**	zubereiten; kochen
几个	**jǐ gè**	einige
拿手菜	**náshǒucài**	Meisterspeise
尝	**cháng**	probieren
呢	**ne**	*(Schlusspartikel)*

III. Erläuterungen:

Der Satz, der aus zwei Verben und einem Nomen oder einem Pronomen besteht, heißt 兼语句 **jiānyǔjù.** Das Nomen oder Pronomen steht meist zwischen den zwei Verben und ist sowohl das Objekt des vorderen Verbs als auch das Subjekt des hinteren Verbs. Vor dem Nomen oder Pronomen werden die Verben 让**ràng** (lassen) und 请**qǐng** (bitten) häufig gebraucht, z. B.: "有空请［你］去我家坐坐。" **Yǒu kòng qǐng [nǐ] qù wǒ jiā zuòzuo.**

(Wenn du Zeit hast, komm bitte mal zu mir herüber.) “这是五百欧元，请您点一下。” **Zhè shì wǔbǎi ōuyuán, qǐng nín diǎn yí xià.** (Das sind fünf hundert Euro, zählen Sie bitte das Geld nach.) “他让我去寄信。” **Tā ràng wǒ qù jì xìn.** (Er lässt mich einen Brief aufgeben.) “他叫我尝尝他夫人的拿手菜。” **Tā jiào wǒ chángchang tā fūren de náshǒucài.** (Er lässt mich eine Meisterspeise seiner Frau probieren.)

IV. Übungen:

1. Setzen Sie “请” oder “让” ein:

他_____我参加新年晚会。
我_____他去我家过春节。
中国朋友_____我吃饺子。
王先生_____我吃长寿面。
他们_____我们喝茶。
他_____大夫给他看病。
我_____他尝尝我的拿手菜。

2. Beantworten Sie folgende Fragen:

a) 你的生日是几月几号?
b) 你朋友送你什么礼物?
c) 你请朋友们吃什么?

d) 你请朋友们几点去你家?

V. Wir lernen schreiben:

生	生 生 生 生 生
日	日 日 日 日
快	快 快 快 快 快 快 快
乐	乐 乐 乐 乐 乐

Lektion 17

路 遇

Lù Yù

Begegnung auf der Straße

I. Gespräch:

A: 啊，老兄，几天不见，你好象
A, lǎoxiōng, jǐ tiān bú jiàn, nǐ hǎoxiàng
ah mein Lieber einige Tag nicht sehen du scheinen
胖了。
pàng le.
dick *(Finalpartikel)*

B: 哪里，我的牙床肿
Nǎli, wǒ de yáchuáng zhǒng
woher denn ich *(Strukturp.)* Zahnfleisch angeschwollen
了，你看……
le, nǐ kàn ......
(Finalpartikel) du sehen ...

A: 哎呀，真的，肿
Āiyā, zhēn de, zhǒng
ah wirklich *(Hilfspartikel)* angeschwollen sein
得很厉害。
de hěn lìhai.
(Hilfspartikel für AZ des Ergebnisses) sehr stark

去 医院 看
qù yīyuàn kàn
gehen Krankenhaus sich untersuchen lassen
过 了 吗？
guò le ma?
(Adverbialer Zusatz des Ergebnisses)(Finalp.)(Fragepartikel)

B: 看 过 了。
Kàn guò le.
sich untersuchen lassen *(AZ des Ergebnisses)(Finalpartikel)*
大夫 说 这 个 牙 要 拔掉。你
Dàifu shuō zhè gè yá yào bádiào. Nǐ
Arzt sagen dies *(Zählwort)* Zahn müssen ziehen du
身体 怎么样？
shēntǐ zěnmeyàng?
Körper wie

A: 还 好。 我 夫人 最近 身体 不 太
Hǎi hǎo. Wǒ fūren zuìjìn shēntǐ bú tài
nicht schlecht ich Frau letzte Zeit Körper nicht sehr
好，她 病 了。
hǎo, tā bìng le.
gut sie krank *(Finalpartikel)*

B: 她 怎么 不 好？
Tā zěnme bù hǎo?
sie wie nicht gut

A: 她 经常 肚子 疼，还 有点儿
Tā jīngcháng dùzi téng, hái yǒudiǎnr
sie oft Bauch Schmerz noch ein bisschen

发 烧。
fāshāo.
Fieber haben

B: 应 该 去 医院 好好儿 检查 一下。
Yīnggāi qù yīyuàn hǎohāor jiǎnchá yí xià.
sollen gehen Krankenhaus gründlich untersuchen einmal

A: 检 查 过 了，
Jiǎnchá guò le,
untersuchen *(AdverbialerZusatz des Ergebnisses) (Finalp.)*

现 在 每 天 吃 中 药。
xiànzài měi tiān chī zhōngyào.
jetzt jeder Tag einnehmen chinesische Heilmittel

B: 吃 中 药 管 用 吗?
Chī zhōngyào guǎnyòng ma?
einnehmen chinesische Heilmittel wirksam *(Fragepartikel)*

A: 还 可以， 现 在 比 以前 好
Hái kěyǐ, xiànzài bǐ yǐqián hǎo
nicht schlecht jetzt als *(vergleichend)* früher gut

多 了。
duō le.
viel *(Finalpartikel)*

B: 请 替 我 问候 她， 祝 她 早日
Qǐng tì wǒ wènhòu tā, zhù tā zǎorì
bitten für ich grüßen sie wünschen sie bald

恢复 健 康。
huīfù jiànkāng.
wiederherstellen Gesundheit

A:	谢谢	你。	有	空儿	请	去	我
	Xièxie	**nǐ.**	**Yǒu**	**kòngr**	**qǐng**	**qù**	**wǒ**
	danken	du	haben	freie Zeit	bitten	gehen	ich
	家	坐坐。					
	jiā	**zuòzuo.**					
	Wohnung	sitzen					
B:	一定	去。					
	Yídìng	**qù.**					
	bestimmt	gehen					

Übersetzung:

A: Oh, meiner Lieber, ich habe dich seit einigen Tagen nicht gesehen, du bist dicker geworden

B: Woher denn, mein Zahnfleisch ist geschwollen, sieh mal ...

A: Ah, wirklich, es ist stark geschwollen, bist du zum Arzt gegangen?

B: Ja, der Arzt sagt, dieser Zahn müsse gezogen werden. Wie steht es mit deiner Gesundheit?

A: Mir geht es gut. Aber meine Frau ist krank.

B: Was ist los mit ihr?

A: Sie hat oft Bauchschmerzen und auch etwas Fieber.

B: Sie soll sich gründlich untersuchen lassen.

A: Sie hat sich einer ärztlichen Untersuchung unterzogen, jetzt nimmt sie täglich traditionelle chinesische Heilmittel ein.

B: Ist die chinesische Medizin dafür wirksam?

A: Es geht, sie fühlt sich jetzt viel besser als früher.

B: Bitte grüß sie von mir, ich wünsche ihr baldige Genesung.

A: Ich danke dir, wenn du Zeit hast, kommst du mal zu uns herüber.

B: Sicher!

II. Vokabeln:

遇	**yù**	begegnen
老兄	**lǎoxiōng**	mein Lieber
见	**jiàn**	sehen
胖	**pàng**	dick
牙床	**yáchuáng**	Zahnfleisch
肿	**zhǒng**	geschwollen sein; anschwellen
真的	**zhēn de**	wirklich; wahrhaft
厉害	**lìhai**	stark
医院	**yīyuàn**	Krankenhaus
看（病）	**kàn (bìng)**	einen Arzt aufsuchen; sich untersuchen lassen
过	**guò**	*(adverialer Zusatz des Ergebnisses)*
大夫	**dàifu**	Arzt; Doktor
牙	**yá**	Zahn
拔掉	**bádiào**	ziehen
最近	**zuìjìn**	vor kurzem; kürzlich; letzte Zeit

病	**bìng**	krank
肚子	**dùzi**	Bauch
疼	**téng**	schmerzen; Schmerz
发烧	**fāshāo**	Fieber haben
应该	**yīnggāi**	sollen; müssen
好好儿	**hǎohāor**	gründlich
检查	**jiǎnchá**	untersuchen
每	**měi**	jeder
每天	**měi tiān**	jeden Tag
吃（药）	**chī (yào)**	(Medizin) einnehmen
中药	**zhōngyào**	chinesische Heilmittel
管用	**guǎnyòng**	wirksam sein
还可以	**hái kěyǐ**	nicht schlecht; leidlich
以前	**yǐqián**	früher
替	**tì**	für; in jmds Namen; ersetzen
问候	**wènhòu**	grüßen; Gruß
早日	**zǎorì**	bald
恢复	**huīfù**	wiederherstellen
有空儿	**yǒu kòngr**	wenn du Zeit hast
请	**qǐng**	bitten; einladen
坐坐	**zuòzuo**	sitzen; hier: jmdn um seinen Besuch bitten

III. Erläuterungen:

1. Als Verb bedeutet 过 **guò** „verbringen; feiern; vorüber

sein", z. B.: "过年" **guònián** (Neujahr feiern), "过生日" **guò shēngri** (Geburtstag feiern). "今天晚上过得很愉快。" **Jīntiān wǎnshang guò de hěn yúkuài.** (Wir haben einen schönen Abend verbracht.) "春节已经过了。" **Chūnjié yǐjing guò le.** (Das Frühlingsfest ist vorbei.)

2. Als Hilfswort steht das Wort 过 **guò** hinter dem Verb und drückt aus, dass ein Ereignis schon geschehen ist, z. B.: "你去过中国吗？" **Nǐ qù guò Zhōngguó ma?** (Bist du in China gewesen?) "我吃过中药。" **Wǒ chī guò zhōngyào.** (Ich habe traditionelle chinesische Heilmittel eingenommen.) Im verneinenden Satz: "我没去过中国。" **Wǒ méi qù guò Zhōngguó.** (Ich bin nicht in China gewesen.) "我没吃过中药。" **Wǒ méi chī guò zhōngyào.** (Ich habe keine traditionelle chinesische Heilmittel eingenommen.)

IV. Übungen:

1. Lernen Sie folgende Wörter und Wendungen auswendig:

a) 挂号	**guàhào**	sich anmelden (beim Arzt usw.)
b) 看病	**kànbìng**	einen Arzt aufsuchen
c) 试表	**shìbiǎo**	jmds Temperatur (Fieber) messen
d) 化验	**huàyàn**	von einem medizinischen Labor untersuchen
e) 透视	**tòushì**	röntgen

f) 量血压　**liáng xuèyā**　Blutdruck messen
g) 打针　**dǎzhēn**　eine Spritze geben; injizieren

2. Beantworten Sie folgende Fragen:

a) 你吃过中国菜吗？
b) 你去过北京的香山吗？
c) 你参加过中国人的新年晚会吗？
d) 你在中国看过病吗？
e) 你在北京买过皮大衣吗？

V. Wir lernen schreiben:

大	
夫	
看	
病	

Lektion 18

端午节
Duānwǔjié

Das Drachenbootfest

I. Gespräch:

A: 这 是 什么？
Zhè shì shénme?
dies sein was

B: 这 叫 粽子。
Zhè jiào zòngzi.
dies heißen Zongzi (Klebreis-Imbiss zum Drachenbootfest)

今天 是 农历 五月 初五
Jīntiān shì nónglì wǔyuè chūwǔ
Heute sein Mondkalender der fünfte Monat der fünfte Tag

端午节， 家家 都 吃 粽子。
duānwǔjié, jiājiā dōu chī zòngzi.
Drachenbootfest jede Familie all essen Zongzi

A: 里边 是 什么？ 包 得
Lǐbian shì shénme? Bāo de
innen sein was einwickeln *(Hilfspartikel für AZ)*

真 好看。
zhēn hǎokàn.
sehr hübsch

B: 里边 是 江米。这 是 豆沙
Lǐbian shì jiāngmǐ. Zhè shì dòushā
innen sein Klebreis dies sein süße Bohnenpaste
馅儿 的，你 尝 一 个。
xiànr de, nǐ cháng yí gè.
Füllung *(Strukturpartikel)* du probieren eins *(Zählwort)*

A: 真 甜，好 吃，好 吃！
Zhēn tián, hǎo chī, hǎo chī!
sehr süß köstlich köstlich

B: 你 再 吃 一 个 这样 的。这 是
Nǐ zài chī yí gè zhèyàng de. Zhè shì
du noch essen eins *(Zählwort)* solch *(SP.)* dies sein
咸 的，里边 是 肉 馅儿。
xián de, lǐbian shì ròu xiànr.
salzig *(Strukturpartikel)* innen sein Fleisch Füllung

A: 肉 的 味道 好 极 了。
Ròu de wèidao hǎo jí le.
Fleisch *(SP.) Geschmack gut außerordentlich (Finalp.)*

B: 这 都 是 南方 风味 的，
Zhè dōu shì nánfāng fēngwèi de,
dies all sein Süden Spezialität *(Strukturpartikel)*
还 有 枣泥儿 的、火腿 的……
hái yǒu zǎonír de, huǒtuǐ de ......
noch haben Dattelpaste *(SP.)* Schinken *(SP.)* ...

A: 品种 真 多啊！
Pǐnzhǒng zhēn duō a!
Sorte wirklich viel ah *(Finalp. z. Bildung e. Aufrufsatzes)*
好 想 多 品尝 一些。
Hǎo xiǎng duō pǐncháng yìxiē.
sehr möchten viel mehr probieren einige

B: 再 吃 个 红枣 的
Zài chī gè hóngzǎo de
noch essen *(Zählwort)* chinesische Dattel *(Strukturpartikel)*
吧， 这 是 北京 风味 的。
ba, zhè shì Běijīng fēngwèi de.
(Schlusspartikel) dies sein Beijing Spezialität *(Strukturp.)*

A: 不行 了， 我 已经 吃 饱 了。
Bùxíng le, wǒ yǐjing chī bǎo le.
es geht nicht *(Finalpartikel)* ich schon essen satt *(Finalp.)*
端午节 还 有 什么 活动？
Duānwǔjié hái yǒu shénme huódòng?
Drachenbootfest noch haben was für (ein) Veranstaltung

B: 有的 地方 有 赛龙舟 的
Yǒude dìfang yǒu sàilóngzhōu de
manche Ort haben Drachenbootrennen *(Strukturp.)*
风俗 习惯。
fēngsú xíguàn.
Sitten Gebräuche

A: 赛龙舟 一定 很 有 意思。
Sàilóngzhōu yídìng hěn yǒu yìsi.
Drachenbootrennen sicher sehr interessant sein

Übersetzung:

A: Was ist das?

B: Das ist Zongzi. Heute ist der fünfte Tag des fünften Monats nach dem chinesischen Mondkalender, also das Drachenbootfest, da wird in allen Familien Zongzi gegessen.

A: Was ist drin eingewickelt? Es hat eine schöne Form.

B: Klebreis. Das sind Zongzi mit süßer Paste aus Rotbohnen, bitte koste eines.

A: Es ist sehr süß, aber es schmeckt mir gut!

B: Bitte koste ein anderes, das ist mit Hackfleisch gemischt und schmeckt salzig.

A: Die Fleischfüllung schmeckt mir sehr gut!

B: All das sind südchinesische Spezialitäten, es gibt noch Zongzi mit Dattelpaste, mit zerhacktem Schinken...

A: Es gibt ja eine Menge von Sorten! Ich würde so gerne noch mehr Sorten probieren.

B: Bitte koste noch eines mit chinesischen Datteln, das ist eine Spezialität von Beijing.

A: Ich bin schon satt und kann nichts mehr essen. Welche Veranstaltungen werden außerdem am Drachenbootfest organisiert?

B: In manchen Orten pflegt man noch die Tradition, am Fest ein Drachenbootrennen zu veranstalten.

A: Das wird sicher sehr interessant sein.

II. Vokabeln:

端午节	**duānwǔjié**	Drachenbootfest
粽子	**zòngzi**	Klebreis-Imbiss, eingewickelt in Bambus- oder Schilfblättern (traditionelles Imbiss-Angebot zum Drachenbootfest)
农历	**nónglì**	Mondkalender
五月	**wǔyuè**	der fünfte Monat
初五	**chūwǔ**	der fünfte Tag eines Monats
家家	**jiājiā**	jeder Haushalt; alle Familen
里边	**lǐbian**	innen; innerhalb
包（粽子）	**bāo (zòngzi)**	(Zongzi) machen, einwickeln
江米	**jiāngmǐ**	Klebreis
豆沙	**dòushā**	süße Paste aus Rotbohnen (meist als Kuchen- oder Brotfüllung)
馅儿	**xiànr**	Füllung
好吃	**hǎo chī**	gut schmecken; köstlich
再	**zài**	ferner; außerdem
这样	**zhèyàng**	so; solch
咸	**xián**	salzig
肉	**ròu**	Fleisch
风味	**fēngwèi**	Geschmack; Spezialität
枣泥儿	**zǎonír**	Dattelpaste
火腿	**huǒtuǐ**	Schinken

品种	**pǐnzhǒng**	Sorte
好	**hǎo**	gut; sehr
品尝	**pǐncháng**	abschmecken; probieren; kosten
一些	**yìxiē**	einige; eine Anzahl von
红枣	**hóngzǎo**	chinesische Dattel
不行	**bùxíng**	es geht nicht; unmöglich sein
饱	**bǎo**	satt; satt sein
活动	**huódòng**	Veranstaltung; Tätigkeit
有的	**yǒude**	manche; einige
赛龙舟	**sàilóngzhōu**	Drachenbootrennen
风俗	**fēngsú**	Sitten

III. Erläuterungen:

1. Zusammengesetzte Richtungsergänzungen: Wenn die Richtungs-Verben "去" **qù** oder "来" **lái** hinter "上" **shàng**, "下" **xià**, "进" **jìn**, "出" **chū**, "回" **huí**, "过" **guò** und "起" **qǐ** ge-setzt werden, bilden sie zusammen mit ihnen Richtungsergänzungen, die hinter andere Verben treten können und die Richtung einer Handlung anzeigen, z. B.: "走上来" **zǒu shànglái** (heraufkommen), "走进去" **zǒu jìnqù** (hineingehen), "走出来" **zǒu chūlái** (herausgehen), "寄回去" **jì huíqù** (zurückschicken), "买回来" **mǎi huílái** (einkaufen) und "拿过去" **ná guòqù** (hinübernehmen).

Wenn es ein Objekt, das einen Ort oder eine Stelle anzeigt, hinter dem Verb gibt, soll es vor "来" **lái** oder "去" **qù** gesetzt werden, z. B.: “他走进房子里去。 **Tā zǒu jìn fángzi lǐ qù.** (Er geht in ein Haus hinein.)

Wenn das Objekt eine Sache anzeigt, kann es entweder vor “来” **lái** oder “去” **qù** oder hinter ihnen stehen, z. B.: “昨天我寄回去一封信。” **Zuótiān wǒ jì huíqù yì fēng xìn.** (Gestern schickte ich einen Brief nach Hause.) Man kann auch sagen: “昨天我寄了一封信回去。” **Zuótiān wǒ jì le yì fēng xìn huíqù.** Weitere Beispiele: “这几个粽子我带回去。” **Zhè jǐ gè zòngzi wǒ dài huíqù.** (Ich nehme einige Zongzi nach Hause mit.) “父亲带回几个粽子来。” **Fùqīn dài huí jǐ gè zòngzi lái.** (Mein Vater hat mir einige Zongzi mitgebracht.)

2. “好想多品尝一些。” **Hǎo xiǎng duō pǐncháng yìxiē.** (Ich würde gerne noch mehr Sorten probieren.) Das Wort “好” **hǎo** bedeutet hier “非常” **fēicháng** (sehr), wie z. B.: “好想现在就能回家去！” **Hǎo xiǎng xiànzài jiù néng huí jiā qù!** (Ich würde gerne jetzt schon nach Hause gehen!)

IV. Übungen:

1. Lernen Sie folgende Wortgruppen auswendig:

走上来	走上去	走下来	走下去
走出来	走出去	走过来	走过去
寄回来	寄回去	送回来	送回去
拿过来	拿过去	爬上来	爬上去
带进来	带进去	带出来	带出去

2. Setzen Sie in den folgenden Sätzen entsprechende zusammengesetzte Richtungsergänzungen ein:

a) 我从商店买________一件皮大衣。
b) 他在楼上说：“那是我的信，请你拿________吧。”
c) 香山太高了，我没爬________。
d) 这是米勒先生的衣服，请你给他带________。
e) 我看米勒先生走________家________了。

V. Wir lernen schreiben:

进	进 进 进 进 进 进 进
出	出 出 出 出 出
来	来 来 来 来 来 来 来
去	去 去 去 去 去

Lektion 19

喝茶
Hē Chá
Tee trinken

I. Gespräch:

A: 天气 真 热，我们 去 喝 点儿
Tiānqì zhēn rè, wǒmen qù hē diǎnr
Wetter sehr heiß wir gehen trinken etwas

冷饮 吧。
lěngyǐn ba.
kalte Getränke *(Schlusspartikel)*

B: 还是 喝 茶 好，喝 茶 更
Háishì hē chá hǎo, hē chá gèng
es wäre besser trinken Tee gut trinken Tee noch mehr

解 渴。
jiě kě.
stillen Durst

A: 您 喜欢 喝 中国 的 绿茶
Nín xǐhuan hē Zhōngguó de lǜchá
Sie mögen trinken China *(Strukturp.)* grüner Tee

吗？
ma?
(Fragepartikel)

B: 我 以前 不 习惯 喝 茶，后来
Wǒ yǐqián bù xíguàn hē chá, hòulái
ich früher nicht gewohnt sein trinken Tee später
越 喝 越 爱 喝。现在
yuè hē yuè ài hē. Xiànzài
immer mehr trinken immer mehr mögen trinken jetzt
我 每 天 都 要 喝 几 杯。
wǒ měi tiān dōu yào hē jǐ bēi.
ich jeder Tag all wollen trinken einige Tasse

A: 您 平时 喝 什么 茶？
Nín píngshí hē shénme chá?
Sie alltäglich trinken was für (ein) Tee

B: 夏天 喝 绿茶，它 有 一 种
Xiàtiān hē lǜchá, tā yǒu yì zhǒng
Sommer trinken grüner Tee es haben eins Art
特别 的 清香 味儿。冬天
tèbié de qīngxiāng wèir. Dōngtiān
besondere *(Strukturp.)* erfrischend Geschmack Winter
喝 红茶，它 又 香 又 浓，
hē hóngchá, tā yòu xiāng yòu nóng,
trinken schwarzer Tee es sowohl duftend als auch stark
冬天 喝 比较 好。
dōngtiān hē bǐjiào hǎo.
Winter trinken relativ gut

A: 您 对 中国 的 茶 还 很 有 研究。
Nín duì Zhōngguó de chá hái hěn yǒu yánjiū.
Sie zu China *(SP.)* Tee noch sehr haben forschen

B: 哪里，哪里，您喜欢喝什么茶？
Nǎli, nǎli, nín xǐhuan hē shénme chá?
ach woher Sie mögen trinken was für (ein) Tee

A: 花茶，它既有茶的香味儿，
Huāchá, tā jì yǒu chá de xiāngwèir,
Jasmintee es sowohl haben Tee *(Strukturp.)* Duft

又有茉莉花的香味儿。
yòu yǒu mòlìhuā de xiāngwèir.
als auch haben Jasmin *(Strukturpartikel)* Duft

B: 花茶我们也很喜欢，现在我们
Huachá wǒmen yě hěn xǐhuan, xiànzài wǒmen
Jasmintee wir auch sehr mögen jetzt wir

国家喝茶的人越来越
guójiā hē chá de rén yuè lái yuè
Land trinken Tee *(Strukturpartikel)* Mensch immer mehr

多。
duō.
viel

A: 前边儿有个茶馆儿，我们去
Qiánbianr yǒu gè cháguǎnr, wǒmen qù
vorne haben *(Zählwort)* Teehaus wir gehen

喝几杯吧！
hē jǐ bēi ba!
trinken ein paar Tasse *(Schlusspartikel)*

B:	我	还	想	买	两	包	茶叶。
	Wǒ	**hái**	**xiǎng**	**mǎi**	**liǎng**	**bāo**	**cháyè.**
	ich	noch	wollen	kaufen	zwei	Päckchen	Tee

A:	茶馆儿	旁边	就	有	茶叶店。
	Cháguǎnr	**pángbiān**	**jiù**	**yǒu**	**cháyèdiàn.**
	Teehaus	neben	nämlich	haben	Teeladen

B:	太	好	了。
	Tài	**hǎo**	**le.**
	zu	gut	*(Finalpartikel)*

Übersetzung:

A: Es ist sehr heiß, gehen wir Kaltgetränke trinken.

B: Es ist doch besser, Tee zu trinken. Tee trinken ist noch durststillender.

A: Trinken Sie gerne chinesischen grünen Tee?

B: Früher war ich nicht daran gewöhnt, Tee zu trinken, später trank ich Tee immer lieber. Jetzt pflege ich, jeden Tag einige Tassen zu trinken.

A: Welchen Tee trinken Sie gewöhnlich?

B: Im Sommer trinke ich grünen Tee, der einen besonderen erfrischenden Geschmack hat. Im Winter trinke ich schwarzen Tee, er ist sowohl duftend als auch stark und wird deshalb besser im Winter getrunken.

A: Sie kennen chinesischen Tee sehr gut.

B: Ach woher! Welchen Tee trinken Sie gerne?

A: Jasmintee. Er duftet sowohl nach Tee als auch nach Jasminblüten.

B: Bei uns ist Jasmintee ebenfalls sehr beliebt; gegenwärtig gibt es in unserem Land immer mehr Menschen, die Tee trinken.

A: Da vorne gibt es ein Teehaus, gehen wir dort einige Tassen Tee trinken.

B: Ich möchte noch zwei Päckchen Tee kaufen.

A: Direkt neben dem Teehaus gibt es einen Teeladen.

B: Das ist ja prima.

II. Vokabeln:

冷饮	**lěngyǐn**	Kaltgetränke
更	**gèng**	noch mehr
解渴	**jiěkě**	den Durst stillen, löschen
绿茶	**lǜchá**	grüner Tee
后来	**hòulái**	später
越…越…	**yuè ... yuè ...**	je ..., desto
爱	**ài**	lieben; gern haben
杯	**bēi**	Tasse
平时	**píngshí**	alltäglich; gewöhnlich; sonst
特别	**tèbié**	speziell; besonders
清香味儿	**qīngxiāng wèir**	erfrischender Geschmack
红茶	**hóngchá**	schwarzer Tee
香	**xiāng**	duftend; wohlriechend

浓	**nóng**	stark
对	**duì**	zu; gegenüber; über
有研究	**yǒu yánjiū**	gut kennen
花茶	**huāchá**	Jasmintee
既…又…	**jì … yòu ...**	sowohl ... als auch
香味儿	**xiāngwèir**	Duft
茉莉花	**mòlìhuā**	Jasmin; Jasminblüten
越来越…	**yuè lái yuè ...**	immer mehr
前边儿	**qiánbianr**	vorne
茶馆儿	**cháguǎnr**	Teehaus
包	**bāo**	Päckchen
茶叶	**cháyè**	Tee; Teeblätter
旁边	**pángbiān**	an der Seite; neben; an
茶叶店	**cháyèdiàn**	Teeladen

III. Erläuterungen:

1. “还是” **háishì** im Satz “还是喝茶吧。” bedeutet: *Es wäre besser, ...* z. B.: “今天天气不好，还是明天去吧。” **Jīntiān tiānqì bù hǎo, háishì míngtiān qù ba.** (Heute ist das Wetter nicht schön, es ist doch besser, morgen auszugehen.) “还是买这件红颜色的吧。” **Háishì mǎi zhè jiàn hóng yánsè de ba.** (Kaufen Sie doch besser dieses rote [Kleid].) “还是坐汽车快。” **Háishì zuò qìchē kuài.** (Mit dem Auto fahren wir doch schneller.)

“还是” **háishì** bedeutet im folgenden Satz: immer noch, nach wie vor, z. B.: “想了又想，还是不能去。” **Xiǎng le yǒu xiǎng, háishì bù néng qù.** (Lange hat man überlegt, kann [aber] immer noch nicht hingehen.)

“还是” **háishì** hat noch eine dritte Bedeutung: oder, z. B: “我写呢，还是你写呢？” **Wǒ xiě ne, háishì nǐ xiě ne?** (Schreibe ich, oder du schreibst?)

2. “越…越…” **yuè ... yuè ...:** Diese Konstruktion drückt aus, dass das Maß einer Sache mit der Veränderung der gegebenen Bedingungen stärker wird, z. B.: “雨越下越大。” **Yǔ yuè xià yuè dà.** (Es regnet immer stärker.) “这个菜我越吃越爱吃。” **Zhè gè cài wǒ yuè chī yuè ài chī.** (Diese Speise schmeckt mir immer besser.)

“越来越…” **yuè lái yuè …:** Diese Kontruktion drückt aus, das das Maß einer Sache mit der Zeit stärker wird, z. B.: “天气越来越冷。” **Tiānqì yuè lái yuè lěng.** (Es wird immer käl-ter.) “人越来越多。” **Rén yuè lái yuè duō.** (Es gibt immer mehr Menschen.) “他的中国话说得越来越好。” **Tā de zhōngguóhuà shuō de yuè lái yuè hǎo.** (Er spricht Chinesisch immer besser.)

IV. Übungen:

1. Lernen Sie folgende Wortgruppen auswendig:

越下越大	越走越快	越走越远	越喝越渴
越说越高兴	越看越好看	越来越多	越来越热

越来越便宜　　越来越好看　　越来越好　　越来越大

2. Versuchen Sie, mit folgenden Wörtern Sätze zu bilden:

a) 喝茶　喝冷饮　更　比　解渴
b) 大　风　越来越　香山　去　我　不　了
c) 路　远　太　坐汽车　还是　吧　去

3. Beantworten Sie folgende Fragen:

a) 你为什么不喝冷饮？
b) 你喜欢喝红茶还是绿茶？

V. Wir lernen schreiben:

茶	茶 茶 茶 茶 茶 茶 茶 茶 茶
水	水 水 水 水
饮	饮 饮 饮 饮 饮 饮 饮
料	料 料 料 料 料 料 料 料 料 料

Lektion 20

去旅行
Qù Lǚxíng
Auf Reisen gehen

I. Gespräch:

A: 好久 没 看见 你们 了，
Hǎojiǔ méi kànjiàn nǐmen le,
lange nicht sehen ihr *(Finalpartikel)*
是 不 是 出门儿 了？
shì bú shì chūménr le?
sein nicht sein verreisen *(Finalpartikel)*

B: 我们 去 旅游 了。
Wǒmen qù lǚyóu le.
wir gehen reisen *(Finalpartikel)*

A: 你们 去 了 哪些 地方？
Nǐmen qù le nǎxiē dìfang?
ihr gehen *(Finalpartikel)* welche Ort

B: 先 去 了 西安、成都 和
Xiān qù le Xī´ān, Chéngdū hé
zuerst gehen *(Finalpartikel)* Xi´an Chengdu und
重庆，又 从 那儿 坐 船 去
Chóngqìng, yòu cóng nàr zuò chuán qù
Chongqing dann von dort fahren Schiff gehen

武 汉 和 上 海。
Wǔhàn hé Shànghǎi.
Wuhan und Shanghai

A: 那么 一定 经过 长江 三峡
Nàme yídìng jīngguò chángjiāng sānxiá
also sicher durchfahren Yangtse-Fluss drei Schluchten
了？
le?
(Finalpartikel)

B: 我们 欣赏 了 三峡
Wǒmen xīnshǎng le sānxiá
wir bewundern *(Finalpartikel)* drei Schluchten
的 风光， 两 岸 的 景色
de fēngguāng, liǎng àn de jǐngsè
(Strukturpartikel) Landschaft beide Ufer *(SP.)* Szenerie
真 是 美 极 了。
zhēn shì měi jí le.
wirklich sein schön außerordentlich *(Finalpartikel)*

A: 苏州 和 杭州 去 了 吗？
Sūzhōu hé Hángzhōu qù le ma?
Suzhou und Hangzhou gehen *(Finalp.)* *(Fragepartikel)*

B: 很 遗憾， 没 去， 在 上海 游览
Hěn yíhàn, méi qù, zài Shànghǎi yóulǎn
sehr schade nicht gehen in Shanghai besichtigen
了 两 天， 就 回来 了。
le liǎng tiān, jiù huílái le.
(Finalpartikel) zwei Tag gleich zurückkommen *(Finalp.)*

A: “上 有 天 堂，下
„Shàng yǒu tiāntáng, xià
oben (am Himmel) haben Paradies unten (auf der Erde)
有 苏 杭”， 不 去 太
yǒu Sū(zhōu) Háng(zhōu)“, bú qù tài
haben Suzhou Hangzhou nicht gehen zu
可惜 了。
kěxī le.
bedauerlch *(Finalpartikel)*

B: 时 间 太 紧 了， 等 天
Shíjiān tài jǐn le, děng tiān
Zeit sehr knapp *(Finalpartikel)* warten Wetter
凉 快 时 再 去。还 打 算 去
liángkuài shí zài qù. Hái dǎsuàn qù
kühl Zeit wieder gehen noch vorhaben gehen
福 建、 广 东 和 海 南 岛。
Fújiàn, Guǎngdōng hé Hǎinándǎo.
Fujian Guangdong und Insel Hainan

A: 这 次 旅 游 玩 儿
Zhè cì lǚyóu wánr
dies Mal Reise sich amüsieren
得 怎 么 样？
de zěnmeyàng?
(Hilfspartikel für AZ des Ergebnisses) wie

B: 非 常 好，我 们 还 买 了
Fēicháng hǎo, wǒmen hái mǎi le
sehr gut wir noch kaufen *(Finalpartikel)*

不　　少　　纪念品。
bù　　shǎo　　jìniànpǐn.
nicht wenig Souvenir

Übersetzung:

A: Ich habe Sie lange nicht gesehen, waren Sie verreist?

B: Ja, wir waren unterwegs.

A: Wo waren Sie denn?

B: Zuerst waren wir in Xi´an, Chengdu und Chongqing, dann fuhren wir von dort mit dem Schiff nach Wuhan und Shanghai.

A: Also, fuhren Sie bestimmt auch durch die Drei Schluchten des Yangtse-Flusses.

B: Wir haben die Landschaft der Drei Schluchten bewundert. Die Landschaftsbilder an beiden Ufern des Yangtse-Flusses sind wirklich wunderschön.

A: Waren Sie in Suzhou und Hangzhou?

B: Leider waren wir nicht dort und kamen nach dem Aufenthalt von zwei Tagen in Shanghai zurück.

A: „In Suzhou und Hangzhou ist das Paradies auf Erden", heißt es. Es ist wirklich schade, dass Sie nicht dort waren.

B: Unsere Zeit war knapp. Wenn es kühler wird, werden wir dorthin fahren. Und wir wollen noch eine Reise nach Fujian, Guangdong und auf die Insel Hainan machen.

A: Wie war die Reise?

B: Sie war sehr schön; außerdem kauften wir mehrere Souvenirs.

II. Vokabeln:

好久	**hǎojiǔ**	lange; lange Zeit
看见	**kànjiàn**	sehen
是不是	**shì bú shì**	ist es so, dass ...
出门儿	**chūménr**	ausgehen; verreist sein
哪些	**nǎxiē**	welche
又	**yòu**	dann; wieder; doch
（坐）船	**(zuò) chuán**	(mit dem) Schiff (fahren)
那么	**nàme**	also
经过	**jīngguò**	durchfahren
欣赏	**xīnshǎng**	besichtigen; bewundern
风光	**fēngguāng**	Landschaft
岸	**àn**	Ufer
景色	**jǐngsè**	Szenerie; Landschaftsbilder
遗憾	**yíhàn**	bedauern; jmdm leid tun
没	**méi**	nicht
天	**tiān**	Tag; Himmel; Wetter
天堂	**tiāntáng**	Paradies
可惜	**kěxī**	schade; leider; bedauerlich
紧	**jǐn**	(Zeit) knapp; kurz
打算	**dǎsuàn**	vorhaben
次	**cì**	Mal
不少	**bù shǎo**	einige; nicht wenig; recht viel
纪念品	**jìniànpǐn**	Souvenir; Erinnerungsstück

III. Erläuterungen:

1. Die Finalpartikel “了” **le**: Steht “了” hinter einem Verb, bedeutet, dass die Handlung schon abgeschlossen ist. Wenn es hinter dem Verb ein Objekt gibt, soll in vielen Fällen ein Zählwort oder ein Attribut vor dem Objekt gebraucht werden, z. B.: “我买了一公斤桔子。” **Wǒ mǎi le yì gōngjīn júzi.** (Ich habe ein Kilo Mandarinen gekauft.) “我们去了许多城市。” **Wǒmen qù le xǔduō chéngshì.** (Wir sind in mehreren Städten gewesen.)

Steht kein Zählwort oder kein Attribut vor dem Objekt, soll die Finalpartikel “了” am Ende des Satzes oder statt “了” ein weiteres Verb oder ein Teilsatz gebraucht werden, z. B.: “我买桔子了。” **Wǒ mǎi júzi le.** (Ich habe Mandarinen gekauft.) “我们去了西安就去成都。” **Wǒmen qù le Xī′ān jiù qù Chéngdū.** (Wir fahren zuerst nach Xi′an und dann von dort direkt nach Chengdu.) “我们买了东西就回家。” **Wǒmen mǎi le dōngxi jiù huí jiā.** (Nach dem Einkauf gehen wir gleich nach Hause.)

Wenn es eine Adverbialbestimmung vor dem Verb gibt, kann kein Attribut vor dem Objekt gebraucht werden, z. B: “我们和王克先生全家一起吃了午饭。” **Wǒmen hé Wáng Kè xiānsheng quǎn jiā yìqǐ chī le wǔfàn.** (Wir haben zusammen mit den Wang Ke′s zu Mittag gegessen.)

Im verneinenden Satz wird “没” **méi** (nicht) oder “没有” **méiyǒu** (nicht) vor dem Verb gesetzt und die Finalpartikel “了” hinter dem Verb dabei weggelassen, z. B.: “我没去西

安。” **Wǒ méi qù Xī´ān.** (Ich war nicht in Xi´an.) “我们没和王克先生全家一起吃午饭。” **Wǒmen méi hé Wáng Kè xiānsheng quǎn jiā yìqǐ chī wǔfàn.** (Wir haben nicht zusammen mit den Wang Ke´s zu Mittag gegessen.)

2. “是不是” **shì bú shì** wird im Fragesatz gebraucht, z. B.: “你是不是出门儿了？” **Nǐ shì bú shì chūménr le?** (Warst du verreist, oder nicht?) “你出门了，是不是？” **Nǐ chūmén le, shì bú shì?** (Du warst verreist, oder nicht?) “是不是你出门了？” **Shì bú shì nǐ chūmén le?** (Ist es so, dass du verreist warst?)

IV. Übungen:

1. Bilden Sie mit folgenden Wörtern Sätze:

   a) 茶叶　了　买　昨天　一包　我
   b) 今天　电话　打　一个　我　了　给　弟弟
   c) 上星期　信　了　三封　写　我

2. Beantworten Sie mit der Finalpartikel “了” folgende Fragen:

   a) 你什么时候去王克先生家？
   b) 你在百货商店买了一件什么大衣？
   c) 你看了今天的报纸了吗？
   d) 你在中国住了几年？
   e) 你现在喝咖啡吗？

3. Versuchen Sie, mit “是不是”folgende Sätze in Fragesätze umzuformulieren:

a) 你喜欢喝茶。
b) 端午节这天，家家都吃粽子。

V. Wir lernen schreiben:

山	山 山 山
水	水 水 水 水
风	风 风 风 风
光	光 光 光 光 光 光

Lektion 21

中 秋 节
Zhōngqiūjié
Das Mondfest

I. Gespräch:

A:	今天	晚上	请	你们	全	家	
	Jīntiān	**wǎnshang**	**qǐng**	**nǐmen**	**quán**	**jiā**	
	heute	Abend	bitten	ihr	ganz	Familie	
	来	我	家	过	中秋节	好	
	lái	**wǒ**	**jiā**	**guò**	**zhōngqiūjié**	**hǎo**	
	kommen	ich	Wohnung	feiern	Mondfest	gut	
	吗?						
	ma?						
	(Fragepartikel)						

B:	中秋节	是	怎么	回	事?	
	Zhōngqiūjié	**shì**	**zěnme**	**huí**	**shì?**	
	Mondfest	sein	wie	*(Zählwort)*	Sache	

A:	今天	是	农历	八月	十五		
	Jīntiān	**shì**	**nónglì**	**bāyuè**	**shíwǔ**		
	heute	sein	Mondkalender	der achte Monat	fünfzehn		
	日,	正好	是	在	秋季	的	
	rì,	**zhènghǎo**	**shì**	**zài**	**qiūjì**	**de**	
	Tag	gerade	sein	in	Herbst	*(Strukturpartikel)*	

中　间，　所以　叫　中秋。中秋节
zhōngjiān,　suǒyǐ　jiào　zhōngqiū.　Zhōngqiūjié
Mitte　deshalb　heißen　Herbstmitte　Mondfest

也　是　中国　的　传统　节日。这
yě　shì　Zhōngguó　de　chuántǒng　jiérì.　Zhè
auch　sein　China　*(SP.)*　traditionell　Fest　dies

天　有　赏　月　吃　月饼
tiān　yǒu　shǎng　yuè　chī　yuèbing
Tag　haben　bewundern　Mond　essen　Mondkuchen

的　风俗。
de　fēngsú.
(Strukturpartikel)　Sitte

B:　好，晚上　我们　全　家　都　来。
Hǎo,　wǎnshang　wǒmen　quán　jiā　dōu　lái.
gut　Abend　wir　ganz　Familie　all　kommen

*　*　*

B:　今天晚上　的　月亮　特别　亮，
Jīntiān wǎnshang　de　yuèliang　tèbié　liàng,
heute　Abend　*(Strukturp.)*　Mond　besonders　hell

特别　圆。
tèbié　yuán.
besonders　rund

A:　月亮　圆　是　团圆　的　象征，
Yuèliang　yuán　shì　tuányuán　de　xiàngzhēng,
Mond　rund　sein　Zusammensein　*(SP.)*　Symbol

所以　中秋节　也　叫　团圆　节。
suǒyǐ　zhōngqiūjié　yě　jiào　tuányuán　jié.
deshalb　Mondfest　auch　heißen　Familientreffen　Fest

B: 这 就 是 月 饼 吧！
Zhè jiù shì yuèbing ba!
dies schon sein Mondkuchen *(Schlusspartikel)*

A: 对， 这 种 是 南 方 风 味 的，
Duì, zhè zhǒng shì nánfāng fēngwèi de,
richtig dies Sorte sein Süden Geschmack *(Strukturp.)*
那 种 是 北 方 风 味 的。
nà zhǒng shì běifāng fēngwèi de.
jener Sorte sein Norden Geschmack *(Strukturpartikel)*

B: 中 秋 节 为 什 么 要 吃 月 饼
Zhōngqiūjié wèishénme yào chī yuèbing
Mondfest warum sollen essen Mondkuchen
呢？
ne?
(Fragepartikel)

A: 因 为 月 饼 也 是 圆 的。
Yīnwéi yuèbing yě shì yuán de.
weil Mondkuchen auch sein rund *(Strukturp.)*

B: 你 看， 这 葡 萄、 梨、 桌 子、 杯子 和
Nǐ kàn, zhè pútáo, lí, zhuōzi, bēizi hé
du sehen dies Traube Birne Tisch Tasse und
盘 子 也 都 是 圆 的。
pánzi yě dōu shì yuán de.
Teller auch all sein rund *(Strukturpartikel)*

B: 今 天 晚 上 我 们 过 了
Jīntiān wǎnshang wǒmen guò le
heute Abend wir verbringen *(Finalpartikel)*

一	个	非常	愉快	的	夜晚，
yí	**gè**	**fēicháng**	**yúkuài**	**de**	**yèwǎn,**
eins	*(Zählwort)*	sehr	fröhlich	*(Strukturp.)*	Abend

太	高兴	了。	谢谢	你们！
tài	**gāoxìng**	**le.**	**Xièxie**	**nǐmen!**
sehr	froh sein	*(Finalpartikel)*	danken	ihr

A:

你们	的	来访	也	让	我们	很	高兴。
Nǐmen	**de**	**láifǎng**	**yě**	**ràng**	**wǒmen**	**hěn**	**gāoxìng.**
ihr	*(SP.)*	Besuch	auch	lassen	wir	sehr	froh sein

Übersetzung:

A: Darf ich deine ganze Familie einladen, heute abend bei uns das Mondfest zu feiern.

B: Das Mondfest, was ist das?

A: Heute ist der fünfzehnte Tag des achten Monats nach dem chinesischen Mondkalender, also gerade Mitte des Herbstes, deshalb nennt man den Tag „Zhongqiu“ (Herbstmitte). Das Mondfest (auf Chinesisch: Zhongqiujie) ist ein traditionelles chinesisches Fest. Bei uns ist es Sitte, an diesem Tag im Mondschein Mondkuchen zu essen.

B: Prima, am Abend wird meine ganze Familie zu euch kommen.

* * *

B: Heute abend ist der Mond besonders hell und rund.

A: Der runde Mond ist ein Symbol für das Zusammensein, deshalb wird das Mondfest auch als „Fest des Familientreffens“ bezeichnet.

B: Das ist ja Mondkuchen!

A: Richtig, diese Sorte ist eine südchinesische Spezialität, jene eine nordchinesische.

B: Warum werden die Mondkuchen am Mondfest gegessen?

A: Weil auch sie rund sind.

B: Sieh mal, die Trauben, Birnen, Tassen, Teller und der Tisch hier sind alle ebenfalls rund.

B: Heute haben wir einen sehr schönen Abend verbracht, wir sind darüber sehr glücklich. Wir danken euch!

A: Über euren Besuch haben wir uns auch sehr gefreut.

II. Vokabeln:

中秋节	**zhōngqiūjié**	Mondfest
回	**huí**	(Zählwort für Ereignisse)
事	**shì**	Sache
怎么回事?	**zěnme huí shì?**	Was ist los? Was ist das für eine Sache?
秋季	**qiūjì**	Herbst
中间	**zhōngjiān**	Mitte
所以	**suǒyǐ**	deshalb
中秋	**zhōngqiū**	Herbstmitte
赏月	**shǎng yuè**	zum Vollmond aufschauen

月饼	**yuèbing**	Mondkuchen
月亮	**yuèliang**	Mond
亮	**liàng**	hell
圆	**yuán**	rund
团圆	**tuányuán**	Zusammensein; Zusammenkommen; Familientreffen
象征	**xiàngzhēng**	Symbol; symbolisieren
团圆节	**tuányuán jié**	Fest des Familientreffens
葡萄	**pútáo**	Traube
梨	**lí**	Birne
桌子	**zhuōzi**	Tisch
杯子	**bēizi**	Tasse
盘子	**pánzi**	Teller
夜晚	**yèwǎn**	Abend
来访	**láifǎng**	Besuch
让…高兴	**ràng ... gāoxìng**	freuen; Freude bereiten

III. Erläuterungen:

1. “怎么回事？” **Zěnme huí shì?** (Was ist los?): Wenn man nach einem Geschehen oder dessen Vorgang und Ursachen fragt, wird “怎么回事？” gebraucht, z. B.: “他今天没来，是怎么回事？” **Tā jīntiān méi lái, shì zěnme huí shì?** (Was ist los, dass er heute nicht gekommen ist?) “端午节家家吃粽子是怎么回事？” **Duānwǔjié jiājiā chī zòngzi shì zěnme huí shì?** (Wie kommt es,

dass Zongzi am Drachenbootsfest in jeder chinesischen Familie gegessen wird.)

2. “太” **tài** (zu; sehr) ist ein Adverb: Wenn es vor dem Adjektiv steht, zeigt es ein Übermaß an, z. B.: “这个菜太辣了。” **Zhè gè cài tài là le.** (Diese Speise ist zu scharf.) “天气太热了。” **Tiānqì tài rè le.** (Es ist zu heiß.) “早上八点走太早了。” **Zǎoshàng bā diǎn zǒu tài zǎo le.** (Um acht Uhr morgens zu starten ist zu früh.) “这件衣服太大了。” **Zhe jiàn yīfu tài dā le.** (Dieses Kleidungsstück ist zu weit.) “你太客气了。” **Ni tài kèqi le.** (Du bist zu höflich.)

Im Interjektionssatz drückt “太” das Höchstmaß aus, z. B.: “在中国过春节太有意思了。” **Zài Zhōngguó guò chūnjié tài yǒu yìsi le.** (In China das Frühlingsfest zu feiern ist sehr interessant.) “这儿的风景太美了。” **Zhèr de fēngjǐng tài měi le.** (Die Landschaft hier ist sehr schön.) “你的中国话说得太好了。” **Nǐ de zhōngguóhuà shuō de tài hǎo le.** (Du sprichst Chinesisch sehr gut.)

Im verneinenden Satz bedeutet “太” aber genau wie “很” **hěn** (sehr), z. B.: “这个菜不太辣。” **Zhè gè cài bú tài la.** (Diese Speise ist nicht sehr scharf.) “这种桔子不太酸。” **Zhè zhǒng júzi bú tài suān.** (Diese Sorte Mandarinen sind nicht sehr sauer.) “北京的冬天不太冷。” **Běijīng de dōngtiān bú tài lěng.** (In Beijing ist es im Winter nicht sehr kalt.)

IV. Übungen:

1. Bilden Sie mit folgenden Wörtern Sätze:

a) 下午　你　请　明天　家　来　我　喝茶
b) 得　高兴　晚上　今天　我们　非常　玩
c) 饺子　家家　的　春节　中国　吃

2. Ergänzen Sie folgende Sätze:

a)______________是怎么回事？
b)______________是怎么回事？
c) 冬天，去香山玩的人________。（太）
d) 骑自行车去，路________，我们还是开汽车去吧。（太）

V. Wir lernen schreiben:

全	全 全 全 全 全 全
家	家 家 家 家 家 家 家 家 家 家
赏	赏 赏 赏 赏 赏 赏 赏 赏 赏 赏 赏 赏
月	月 月 月 月

Lektion 22

看京剧
Kàn Jīngjù
In die Pekingoper gehen

I. Gespräch:

A: 您 喜欢 中国 的 京剧
Nín xǐhuan Zhōngguó de jīngjù
Sie lieben China *(Strukturpartikel)* Pekingoper
吗？
ma?
(Fragepartikel)

B: 喜欢，您 看 我 买 了 很 多
Xǐhuan, nín kàn wǒ mǎi le hěn duō
lieben Sie sehen ich kaufen *(Finalpartikel)* sehr viel
京剧 的 脸谱。
jīngjù de liǎnpǔ.
Pekingoper *(Strukturpartikel)* Gesichtsmaske

A: 这儿 有 两 张 戏票，您 和
Zhèr yǒu liǎng zhāng xìpiào, nín hé
hier haben zwei *(Zählwort)* Opernkarte Sie und
您 的 夫人 去 看 吧！
nín de fūren qù kàn ba!
Sie *(Strukturp.)* Frau gehen besuchen *(Schlusspartikel)*

是　　明天　　晚上　　的。
Shì　míngtiān　wǎnshang　de.
sein　morgen　Abend　*(Strukturpartikel)*

B:　是　什么　戏？
Shì　shénme　xì?
sein　was für (ein)　Opernstück

A:　有　"贵妃　醉酒"、
Yǒu　"Guìfēi　Zuìjiǔ",
haben kaiserliche Nebenfrau des höchsten Ranges betrinken
"三　岔　口"　什么的。
„Sān Chàkǒu"　shénmede.
drei　Gabelung　und so weiter

B:　我们　听　不　懂　演员　唱
Wǒmen　tīng　bù　dǒng　yǎnyuán　chàng
wir　hören　nicht　verstehen　Darsteller　singen
的，　怎么　办？
de　zěnme　bàn?
(Strukturpartikel)　wie　tun

A:　有　字幕。我　也　去，可以　给　您们
Yǒu　zìmù.　Wǒ　yě　qù,　kěyǐ　gěi　nínmen
haben　Untertitel　ich　auch　gehen　können　für　Sie
当　翻译。　另外，"三　岔　口"
dāng　fānyì.　Lìngwài　"Sān　Chàkǒu"
fungieren als　Dolmetscher　außerdem　drei　Gabelung
是　哑剧，　很　好　懂。
shì　yǎjù,　hěn　hǎo　dǒng.
sein　Pantomieme　sehr　leicht　verstehen

B: 那 太 好 了。 几 点
Nà tài hǎo le. Jǐ diǎn
also sehr gut *(Finalpartikel)* wie viel Uhr

开 演？
kāiyǎn?
beginnen mit der Aufführung

A: 七 点。
Qī diǎn.
sieben Uhr

* * *

A: 费舍尔先生，费舍尔夫人您们 好！
Fèishèěr xiānsheng, Fèishèěr fūren nínmen hǎo!
Fischer Herr Fischer Frau Sie gut

B: 您 好！您 的 票 是 多少 号？
Nín hǎo! Nín de piào shì duōshao hào?
Sie gut Sie *(Strukturp.)* Karte sein wie viel Nummer

A: 五 排 八 号。
Wǔ pái bā hào.
fünf Reihe acht Nummer

B: 在 我 夫人 旁 边。您 坐 在 我 和
Zài wǒ fūren pángbiān. Nín zuò zài wǒ hé
in ich Frau neben Sie sitzen in ich und

我 夫人 中 间 吧， 可以 给
wǒ fūren zhōngjiān ba, kěyǐ gěi
ich Frau Mitte *(Schlusspartikel)* können für

我们　　翻译。
wǒmen　　fānyì.
wir　　dolmetschen

A:　好　的。　我　去　买　一　份
Hǎo　de.　Wǒ　qù　mǎi　yí　fèn
gut *(Hilfspartikel)*　ich　gehen　kaufen　eins *(Zählwort)*
节目单。
jiémùdān.
Programmheft

B:　不　用　买　了。　我　已经　买
Bù　yòng　mǎi　le.　Wǒ　yǐjing　mǎi
nicht　brauchen　kaufen *(Finalpartikel)*　ich　schon　kaufen
了　两　份。
le　liǎng　fèn.
(Finalpartikel)　zwei　Exemplar

A:　谢谢！
Xièxie!
danken

Übersetzung:

A: Gefällt Ihnen die Pekingoper?

B: Ja, sehen Sie mal, ich habe mehrere Gesichtsmasken der Pekingoper gekauft.

A: Ich habe zwei Eintrittskarten für morgen Abend, Sie können zusammen mit Ihrer Frau in die Oper gehen.

B: Was wird gegeben?

A: Es werden „Die betrunkene Schönheit“, „Das Wirthaus am Scheideweg“ und noch anderes aufgeführt.

B: Aber wir verstehen keine Gesangstexte, was sollen wir tun?

A: Die Gesangstexte werden an die Bühnenseite projiziert. Ich werde auch in die Oper gehen und kann für Sie dolmetschen. Außerdem ist „Das Wirthaus am Scheideweg“, eine Pantomime, leicht zu verstehen.

B: Prima! Wann beginnt die Oper?

A: Um sieben Uhr.

*　　　*　　　*

A: Guten Abend, Frau und Herr Fischer!

B: Guten Abend! Welche Sitznummer haben Sie?

A: Nummer 8 in der 5. Reihe.

B: Der Platz ist neben meiner Frau. Bitte setzen Sie sich zwischen meine Frau und mich, so können Sie für uns beide dolmetschen.

A: Gut! Ich gehe ein Programmheft kaufen.

B: Es ist nicht nötig. Ich habe schon zwei Exemplare gekauft.

A: Danke!

II. Vokabeln:

京剧	**jīngjù**	Pekingoper
脸谱	**liǎnpǔ**	Gesichtsmaske
戏票	**xìpiào**	Opernkarte

戏	**xì**	Oper; Opernstück
"贵妃醉酒"	**"Guìfēi Zuìjiǔ"**	„Die betrunkene Schönheit"
"三岔口"	**"Sān Chàkǒu"**	„Das Wirthaus am Scheideweg"
什么的	**shénmede**	und so weiter; und anderes mehr
听懂	**tīngdǒng**	verstehen
听不懂	**tīng bù dǒng**	nicht verstehen
演员	**yǎnyuán**	Darsteller
唱	**chàng**	singen
怎么办?	**zěnme bàn?**	was tun?
字幕	**zìmù**	Untertitel
当	**dāng**	als ... fungieren; als ... tätig sein
翻译	**fānyì**	dolmetschen; übersetzen; Dolmetscher; Übersetzer
哑剧	**yǎjù**	Pantomime
开演	**kāiyǎn**	Beginn mit einer Vorstellung, Filmvorführung usw.
票	**piào**	Karte; Ticket
号	**hào**	Platz
排	**pái**	Reihe
份	**fèn**	Exemplar *(Zählwort)*
节目单	**jiémùdān**	Programmheft

III. Erläuterungen:

1. Die Möglichkeitsergänzung "得" **de**: Wird "得" zwischen Verb und Ergebnisergänzung oder Richtungsergänzung ein-

geschoben, wird eine Möglichkeit angezeigt, z. B.: "听得懂" **tīng de dǒng** (verstehen können). Als Hilfswort wird "得" nicht betont und daher als de geschrieben. Aber seine Aussprache ist genauso wie das Verb "得" **dé** (bekommen).

Im Fragesatz lautet es so: "听得懂吗？" **Tīng de dǒng ma?** (Können Sie verstehen?) oder "听得懂听不懂？" **Ting de dǒng tīng bù dǒng?** (Können Sie es verstehen oder nicht?)

2. "在" **zài** als Ergänzung: Diese Konstruktion zeigt im allgemeinen den Ort einer Handlung an. Im Satz mit der Ergänzung "在" soll ein Objekt, das den Ort anzeigt, hinter "在" stehen, z. B.: "他坐在我旁边。" **Tā zuò zài wǒ pángbiān.** (Er sitzt neben mir.) "我的大衣忘在家里了。" **Wǒ de dàyī wàng zài jiā lǐ le.** (Ich habe vergessen, meinen Mantel mitzunehmen.) oder "你的信放在桌子上了。" **Nǐ de xìn fàng zài zhuōzi shàng le.** (Dein Brief ist auf den Tisch gelegt worden.)

IV. Übungen:

1. Lernen Sie folgende Wortgruppen auswendig:

听得懂	听不懂	听得懂听不懂
吃得完	吃不完	吃得完吃不完
洗得干净	洗不干净	洗得干净洗不干净
回得来	回不来	回得来回不来
看得见	看不见	看得见看不见

看得懂	看不懂	看得懂看不懂
骑得快	骑不快	骑得快骑不快

2. Beantworten Sie folgende Fragen:

a) 你昨天看京剧了吗?
b) 你看得懂看不懂?
c) 昨天的京剧唱得怎么样?
d) 你坐在几排几号? 你夫人坐在哪儿?

V. Wir lernen schreiben:

两	两 两 两 两 两 两 两
张	张 张 张 张 张 张 张
戏	戏 戏 戏 戏 戏 戏
票	票 票 票 票 票 票 票 票 票 票 票

Lektion 23

收拾行李
Shōushi Xíngli
Koffer packen

I. Gespräch:

A: 你 的 行李 收拾 好 了
Nǐ de xíngli shōushi hǎo le
du *(Strukturp.)* Gepäck packen fertig *(Finalpartikel)*
吗？
ma?
(Fragepartikel)

B: 东西 太 多 了， 都 是 去
Dōngxi tài duō le, dōu shì qù
Sache zu viel *(Finalpartikel)* all sein gehen
旅行 的 时候 买 的
lǚxíng de shíhou mǎi de
reisen *(Strukturpartikel)* Zeit kaufen *(Strukturp.)*
纪念品。
jìniànpǐn.
Souvenir

A: 嗬！ 真 不 少： 北京 的 景泰蓝、
Hē! Zhēn bù shǎo: Běijīng de jǐngtàilán,
Oh wirklich nicht wenig Beijing *(SP.)* Cloisonné

杭州的织锦、苏州的刺绣，
Hángzhōu de zhījǐn, Sūzhōu de cìxiù,
Hangzhou *(SP.)* Brokat Suzhou *(SP.)* Stickerei
还有无锡小泥人…… 这个
hái yǒu Wúxī xiǎo nírén …… Zhè gè
noch haben Wuxi klein Tonfigur ... dies *(Zählwort)*
大花瓶也带回去吗？
dà huāpíng yě dài huíqù ma?
groß Vase auch mitnehmen *(Fragepartikel)*

B: 带回去。这是送给我母亲
Dài huíqù. Zhè shì sònggěi wǒ mǔqīn
mitnehmen dies sein schenken ich Mutter
的，她喜欢中国的瓷器。
de, tā xǐhuān Zhōngguó de cíqì
(Strukturpartikel) sie lieben China *(SP.)* Porzellan

A: 那你得抱着它上
Nà nǐ děi bào zhè tā shàng
nun du müssen in den Armen haltend es besteigen
飞机了！
fēijī le!
Flugzeug *(Finalpartikel)*

B: 不用，可以托运。
Bú yòng, kěyǐ tuōyùn.
nicht brauchen können zur Beförderung aufgeben

A: 这个水烟袋可是老古董
Zhè gè shuǐyāndài kě shì lǎogǔdǒng
dies *(Zählwort)* Wasserpfeife aber sein Antiquität

了。
le.
(Finalpartikel)

B: 我 看 它 很 好玩儿， 买 了 做
Wǒ kàn tā hěn hǎowánr, mǎi le zuò
ich sehen es sehr interessant kaufen *(Finalp.)* als
纪念。
jìniàn.
Andenken

A: 所有 手续 办 好 了 吗？
Suǒyǒu shǒuxù bàn hǎo le ma?
all Formalität erledigen fertig *(Finalp.)(Fragepartikel)*

B: 都 办 好 了， 飞机票 也 拿到
Dōu bàn hǎo le, fēijī piào yě nádào
all erledigen fertig *(Finalp.)* Flugticket auch bekommen
了， 后天 早上 的 航班。
le, hòutiān zǎoshang de hángbān.
(Finalpartikel) übermorgen Morgen *(SP.)* Flug

A: 后天 我 开车 送 你 去 机场。
Hòutiān wǒ kāichē sòng nǐ qù jīchǎng.
übermorgen ich fahren bringen du gehen Flughafen

B: 那 又 要 麻烦 你 了。
Nà yòu yào máfan nǐ le.
nun wieder müssen Umstände bereiten du *(Finalpartikel)*

A: 哪儿 的 话。 太 客气 了。
Nǎr de huà. Tài kèqi le.
wo *(Strukturpartikel)* Wort zu höflich *(Finalpartikel)*

Übersetzung:

A: Hast du die Koffer gepackt?

B: Es gibt zu viele Sachen, es sind alles Souvenirs, die ich während meiner Reise gekauft habe.

A: Ach ja! Das ist wirklich viel: Cloisonnés aus Beijing, Seidenbrokate aus Hangzhou, Stickereien aus Suzhou, kleine Tonfiguren aus Wuxi ... Nimmst du diese große Vase auch nach Hause mit?

B: Ja, ich werde sie meiner Mutter schenken, ihr gefällt chinesisches Porzellan.

A: Du musst sie beim Besteigen des Flugzeuges in den Armen halten!

B: Das ist nicht nötig, ich kann sie aufgeben.

A: Diese Wasserpfeife ist ja eine alte Rarität.

B: Ich finde sie wundervoll und habe sie als Andenken gekauft.

A: Hast du die Formalitäten erledigt?

B: Alles ist bereits erledigt, und das Flugticket habe ich auch bekommen; übermorgen vormittag fliege ich ab.

A: Ich fahre dich mit dem Auto zum Flughafen.

B: Danke für Dein Angebot.

A: Ach woher denn! Du bist zu höflich.

II. Vokabeln:

收拾	**shōushi**	ordnen; aufräumen
行李	**xíngli**	Gepäck
好	**hǎo**	fertig; in Ordnung

东西	**dōngxi**	Sache; Ding
嗬	**hē**	oh
景泰蓝	**jǐngtàilán**	Cloisonné
织锦	**zhījǐn**	Brokat
刺绣	**cìxiù**	Stickerei
泥人	**nírén**	Tonfigur
花瓶	**huāpíng**	Vase
带	**dài**	mitnehmen; mitbringen; bei sich haben
带回去	**dài huíqù**	(nach Hause) mitnehmen
母亲	**mǔqīn**	Mutter
瓷器	**cíqì**	Porzellanwaren
抱	**bào**	in die Arme nehmen; in den Armen halten
着	**zhe**	*(Hilfspartikel)*
飞机	**fēijī**	Flugzeug
托运	**tuōyùn**	zur Beförderung aufgeben; abtransportieren lassen
水烟袋	**shuǐyāndài**	Wasserpfeife
老古董	**lǎogǔdǒng**	Antiquität
做	**zuò**	als ... dienen
纪念	**jìniàn**	Andenken
所有	**suǒyǒu**	alle
手续	**shǒuxù**	Formalität
办	**bàn**	machen; tun; erledigen
飞机票	**fēijī piào**	Flugticket

拿到	**nádào**	bekommen
后天	**hòutiān**	übermorgen
航班	**hángbān**	Flug
送	**sòng**	bringen
机场	**jīchǎng**	Flughafen
哪儿的话	**nǎr de huà**	woher denn

III. Erläuterungen:

1. Die Hilfspartikel "着" **zhe**: Steht die Hilfspartikel "着" hinter einem Verb, zeigt das einen Zustand an, z. B.: "桌子上放着水果。" **Zhuōzi shàng fàng zhe shuǐguǒ.** (Auf dem Tisch liegt Obst.) "他抱着大花瓶。" **Tā bào zhe dà huāpíng.** (Er trägt die große Vase in den Armen.)

Im verneinenden Satz soll das Wort "没" **méi** (nicht) vor das Verb gesetzt werden, z. B. "桌子上没放着水果。" **Zhuōzi shàng méi fàng zhe shuǐguǒ.** (Auf dem Tisch liegt kein Obst.) oder "他没抱着大花瓶。" **Tā méi bào zhe dà huāpíng.** (Er trägt keine große Vase in den Armen.)

2. In vielen chinesischen Sätzen wird ein Objekt als Subjekt gebraucht, in diesem Sinne gelten die Sätze als Passive. Aber sie unterscheiden sich nicht in der Form von den Sätzen mit einem Subjekt als Handlungsträger, z. B.: "这个大花瓶也带回去吗？" **Zhè gè dà huāpíng yě dàihuí qù ma?** (Wird diese große Vase auch nach Hause mitgenommen?) "飞机票拿到了。" **Fēijī piào nádào le.** (Das Flugticket habe ich schon bekommen.)

In der Lektion 9 gibt es dafür weitere Beispiele, z. B.: “这条裤子能洗干净吗？” **Zhè tiáo kùzi néng xǐ gānjìng ma?** (Kann diese Hose sauber gewaschen werden?) oder “西服洗好了吗？” **Xīfú xǐ hǎo le ma?** (Ist der Anzug schon fertig gereinigt?)

3. Das Wort “好” **hǎo** (fertig; in Ordnung) hinter dem Verb und drückt aus, dass die Handlung gut ausgeführt wird oder zu Ende gegangen ist, z. B.: “房间收拾好了。” **Fángjiān shōushi hǎo le.** (Das Zimmer ist aufgeräumt.) “所有手续都办好了。” **Suǒyǒu shǒuxù dōu bàn hǎo le.** (Alle Formalitäten sind schon erledigt worden.)

IV. Übungen:

1. Lernen Sie folgende Sätze auswendig:

粽子里包着江米和豆沙。
Zòngzi lǐ bāo zhe jiāngmǐ hé dòushā.
桌子上放着两本书。(本 **běn** Zählwort; 书 **shū** Buch)
Zhuōzi shàng fàng zhe liǎng běn shū.
施密特旁边坐着一个孩子。
Shīmìtè pángbiān zuò zhe yí gè háizi.
我没带着护照。
Wǒ méi dài zhe hùzhào.
他没带着钱。
Tā méi dài zhe qián.
他们坐着看报。
Tāmen zuò zhe kàn bào.

他们走着去银行。
Tāmen zǒu zhe qù yínháng.
他站着说话。(站 **zhàn** stehen; 说话 **shuōhuà** reden)
Tā zhàn zhe shuōhuà.
孩子们唱着歌回家。(歌 **gē** Lied)
Háizi men chàng zhe gē huíjiā.
他看着报听音乐。(音乐 **yīnyuè** Musik)
Tā kàn zhe bào ting yīnyuè.

2. Beantworten Sie folgende Fragen:

a) 这个饭店住着多少人?
b) 你们怎么去香山?
c) 你喜欢这个东西，为什么今天不买呢?
d) 昨天带着孩子去哪儿玩儿了?

V. Wir lernen schreiben:

旅	旅旅旅旅旅旅旅旅旅旅
行	行行行行行行
纪	纪纪纪纪纪纪
念	念念念念念念念念

Lektion 24

在 机 场
Zài Jīchǎng
Auf dem Flughafen

I. Gespräch:

A: 哎呀， 你 怎么 才 来！
Āiyā, nǐ zěnme cái lái!
oje du wieso erst kommen

B: 我 的 护照 忘 在 房间 里，
Wǒ de hùzhào wàng zài fángjiān lǐ,
ich *(SP.)* Pass vergessen in Zimmer innen
又 回去 找， 所以 来 晚
yòu huíqù zhǎo, suǒyǐ lái wǎn
wieder zurückgehen suchen deshalb kommen spät
了。 你 着急 了 吧！
le. Nǐ zháojí le ba!
(Finalp.) du ungeduldig sein *(Finalp.)* *(Schlusspartikel)*

A: 可不是， 航班 就 要 停止 办理
Kěbúshi, hángbān jiù yào tíngzhǐ bànlǐ
aber ja Flug gleich werden einstellen erledigen
登机 手续 了。
dēngjī shǒuxù le.
boarden Formalität *(Finalpartikel)*

B: 哪里，还有半小时呢！
Nǎli, hái yǒu bàn xiǎoshí ne!
ach woher noch haben halb Stunde *(Schlusspartikel)*
你真是个急性子。
Nǐ zhēn shì gè jíxìngzi.
du wirklich sein *(Zählwort)* ungeduldiger Mensch

A: 我怕你耽误了航班。
Wǒ pà nǐ dānwù le hángbān.
ich fürchten du versäumen *(Finalpartikel)* Flug

B: 怎么会呢！
Zěnme huì ne!
wie möglich sein *(Schlusspartikel)*

A: 赶不上飞机，就得在中国
Gǎn bú shàng fēijī, jiù děi zài Zhōngguó
verpassen Flugzeug dann müssen in China
过圣诞节了。
guò shèngdànjié le.
feiern Weihnachten *(Finalpartikel)*

B: 你的行李都托运
Nǐ de xíngli dōu tuōyùn
du *(Strukturp.)* Gepäck all zur Beförderung aufgeben
了吗？
le ma?
(Finalpartikel) *(Fragepartikel)*

A: 早就办好了。你这个
Zǎo jiù bàn hǎo le. Nǐ zhè gè
längst schon erledigen gut *(Finalp.)* du dies *(Zählwort)*

手提箱恐怕 得 托运，
shǒutíxiāng kǒngpà děi tuōyùn,
Handkoffer vielleicht müssen zur Beförderung aufgeben
手提物品 不得 超过 五 公斤。
shǒutí wùpǐn bùdé chāoguò wǔ gōngjīn.
Handgepäck nicht dürfen überschreiten fünf Kilo

B: 那 我 赶快 去 办 登机 手续，
Nà wǒ gǎnkuài qù bàn dēngjī shǒuxù,
dann ich sofort gehen erledigen boarden Formalität
你 在 候机室 等 我 吧！
nǐ zài hòujīshì děng wǒ ba!
du in Wartesaal warten ich *(Schlusspartikel)*

A: 别 着急，还 有 半 个 小时 呢！
Bié zháojí, hái yǒu bàn gè xiǎoshí ne !
keine Eile noch haben halb *(Zählwort)* Stunde *(Schlussp.)*

B: 这 回 你 却 不 着急 了。
Zhè huí nǐ què bù zháojí le.
dies *(Zählwort)* du aber nicht ungeduldig sein *(Finalp.)*

A: 我 这 个 急性子 遇上
Wǒ zhè gè jíxìngzi yùshang
ich dies *(Zählwort)* ungeduldiger Mensch konfrontieren
你 这 个 慢性子，有 什么
nǐ zhè gè mànxìngzi, yǒu shénme
du dies *(Zählwort)* geduldiger Mensch haben was für (ein)
办法 呢！ 一会儿 见！
bànfǎ ne! Yìhuǐr jiàn!
Mittel *(Schlusspartikel)* bald sehen

Übersetzung:

A: Oje, du kommst aber sehr spät.

B: Ich hatte vergessen, meinen Pass mitzunehmen, und bin wieder zurückgefahren, um den Pass zu holen. Deshalb bin ich so spät. Du bist sicher um mich besorgt gewesen.

A: Aber ja! Die Abfertigung für den Flug wird gleich eingestellt.

B: Ach woher denn, es dauert noch eine halbe Stunde! Du bist wirklich ein ungeduldiger Typ.

A: Ich fürchte eben, dass du den Flug verpasst.

B: Das wird nicht passieren.

A: Wenn du das Flugzeug verpassen würdest, müsstest du in China Weihnachten feiern.

B: Hast du dein Gepäck aufgegeben?

A: Das habe ich längst erledigt. Du musst deinen Handkoffer wahrscheinlich aufgeben. Das Handgepäck darf nicht 5 Kilo überschreiten.

B: Ja, ich gehe sofort die Formalitäten erledigen. Du wartest im Wartesaal auf mich.

A: Nicht so hastig! Es ist noch eine halbe Stunde Zeit.

B: Jetzt beweist du aber sehr viel Geduld.

A: Wenn man mit einem geduldigen Menschen wie dir zu tun hat, dann kann man nicht anders. Bis dann!

II. Vokabeln:

才	**cái**	erst

回去	**huíqù**	zurückgehen
着急	**zháojí**	sich aufregen; besorgt sein
可不是	**kěbúshi**	aber ja
停止	**tíngzhǐ**	einstellen; stoppen
办理	**bànlǐ**	erledigen
登机	**dēngjī**	boarden
急性子	**jíxìngzi**	ungeduldiger Typ
怕	**pà**	fürchten
耽误	**dānwù**	verpassen
会	**huì**	können; möglich sein
赶不上	**gǎn bú shàng**	verpassen
圣诞节	**shèngdànjié**	Weihnachten
手提箱	**shǒutíxiāng**	Handkoffer
恐怕	**kǒngpà**	ich denke, dass...; wahrscheinlich
手提物品	**shǒutí wùpǐn**	Handgepäck
不得	**bùdé**	nicht dürfen
超过	**chāoguò**	überschreiten; übertreffen
赶快	**gǎnkuài**	schnell; sofort
候机室	**hòujīshì**	Wartesaal
别	**bié**	nicht
却	**què**	aber; dennoch
遇上	**yùshang**	begegnen; konfrontieren
慢性子	**mànxìngzi**	geduldiger Mensch
办法	**bànfǎ**	Methode; Maßnahme; Lösung
一会儿见！	**yìhuǐr jiàn!**	Bis dann!; Bis nachher!

III. Erläuterungen:

1. Die Hilfspartikel “上” **shàng** zeigt das Ergebnis einer Handlung an, z. B.: “我买上飞机票了。” **Wǒ mǎi shàng fēijī piào le.** (Ich habe das Flugticket gelöst.) “他赶上今天的飞机了。” **Tā gǎn shàng jīntiān de fēijī le.** (Er hat das Flugzeug von heute nicht verpasst.) “我回来晚了，没看上京剧。” **Wǒ huílái wǎn le, méi kàn shàng jīngjù.** (Ich bin zu spät zurückgekommen und habe die Pekingoper verpasst.) oder “我没买上京剧票。” **Wǒ méi mǎi shàng jīngjù piào.** (Ich habe keine Eintrittskarte für die Pekingoper kaufen können.)

2. Die Adverbien “就” **jiù** und “才” **cái** zeigen eine zeitliche Reihenfolge an, z. B.: “京剧七点开演，我们六点半就来了。” **Jīngjù qī diǎn kāiyǎn, wǒmen liù diǎn bàn jiù lái le.** (Die Pekingoper beginnt um 7 Uhr, wir sind schon um halb sieben im Theater.) Das Wort “就” **jiù** wird im folgenden Zusammenhang gebraucht, z. B.: “我的行李早就托运了。” **Wǒ de xíngli zǎo jiù tuōyùn le.** (Mein Gepäck ist längst schon aufgegeben worden.)

Das Adverb “才” **cái** hat die entgegengesetzte Bedeutung und zeigt an, dass der Sprecher meint, dass eine Sache sich sehr spät ereignet hat, z. B.: “你怎么才来？ **”Nǐ zénme cái lái?** (Warum kommst du so spät?) oder “他九点才吃晚饭。” **Tā jiǔ diǎn cái chī wǎnfàn.** (Erst um neun Uhr isst er zu Abend.)

IV. Übungen:

1. Lernen Sie folgende Wortgruppen auswendig:

买上票	没买上票

吃上饺子	没吃上饺子
坐上汽车	没坐上汽车
赶上飞机	没赶上飞机
喝上啤酒	没喝上啤酒
住上好房间	没住上好房间
遇上费舍尔先生	没遇上费舍尔先生
看上京剧	没看上京剧

2. Ergänzen Sie mit den Wörtern “就” und “才” die folgenden Sätze:

a) 飞机八点起飞，他八点十分______来。
b) 他今天身体不太好，九点钟______睡了。
c) 她在百货商店买完东西______回家了。
d) 他早上出去，晚上十一点______回来。

V. Wir lernen schreiben:

赶	赶 赶 赶 赶 赶 赶 赶 赶 赶 赶
上	上 上 上
航	航 航 航 航 航 航 航 航 航 航
班	班 班 班 班 班 班 班 班 班 班

附 录 *Anhang:*

阅读课文 Lesetexte

常用反义词 Gebräuchliche Antonyme

练习答案 Lösungen der Übungen

词汇表 Vokabeln

CD 25

Lesetext 1

中 国 Zōngguó CHINA

中国位于亚洲东部，面积居世界第三。
Zhōngguó wèiyú Yàzhōu dōngbù, miànjī jū shìjiè dìsān.
中、西部多山，东部较平坦。长江和
Zhōng, xībù duō shān, dōngbù jiào píngtǎn. Chángjiāng hé
黄河等主要河流自西向东流，最后注入
Huánghé děng zhǔyào héliú zì xī xiàng dōng liú, zuìhòu zhùrù
大海。最大的岛屿为台湾岛，最高的山峰
dàhǎi. Zuìdà de dǎoyǔ wèi Táiwān dǎo, zuìgāo de shānfēng
是喜马拉雅山的珠穆朗玛峰，全国最低的
shì Xǐmǎlāyǎ shān de Zhūmù lángmǎ fēng, quánguó zuìdī de
地方在吐鲁番盆地。
dìfāng zài Tǔlǔfān péndì.

中国有着五千年的悠久历史和文化
Zhōngguó yǒu zhe wǔ qiān nián de yōujiǔ lìshǐ hé wénhuà
传统，是世界闻名的古国，现在是突飞
chuántǒng, shì shìjiè wénmíng de gǔ guó, xiànzài shì tū fēi
猛进的发展中国家。中国人民热爱和
měng jìn de fāzhǎn zhōng guójiā. Zhōngguó rénmín rèài hé-
平、勤劳、勇敢并且聪慧，在经济发展中
píng, qínláo, yǒnggǎn bìngqiě cōnghuì, zài jīngjì fāzhǎn zhōng
正发挥着无限的创造力，要把自己的祖
zhèng fāhuī zhe wúxiàn de chuàngzàolì, yào bǎ zì jǐ de zǔ-
国尽快建设得更加美好。
guó jìnkuài jiànshè de gèngjiā měihǎo.

26

Lesetext 2

汉语不难学 Hànyǔ Bù Nán Xué
Das Chinesisch ist nicht schwierig

汉 语的 书写 方式 为 汉字，它是一 种 象
Hànyǔ de shūxiě fāngshì wéi hànzì, tā shì yì zhǒng xiàng-
形 文字，也就是 说 汉字起源 于 图画。汉字 总
xíng wénzì, yě jiùshì shuō hànzì qǐyuán yú túhuà. Hànzì zǒng-
量 为 九 万 多 个，其中 的 常 用 字 有 两
liàng wéi jiǔ wàn duō gè, qízhōng de chángyòng zì yǒu liǎng-
千 五 百 个，次 常 用 字 有 一 千 个。
qiān wǔ bǎi gè, cì chángyòng zì yǒu yì qiān gè.

一 个 词 可 由 一 个 字 或 几个 字 合 并 构 成。
Yí gè cí kě yóu yí gè zì huò jǐ gè zì hébìng gòuchéng.
汉 语 中 两 个 字 组 成 的 双 音 词 较 多。
Hànyǔ zhōng liǎng gè zì zǔchéng de shuāng yīn cí jiào duō.

据 统 计，认 识 九 百 多 个 最 常 用 字 并
Jù tǒngjì, rènshi jiǔ bǎi duō gè zuì cháng yòng zì bìng
掌 握 一 万 多 条 词 汇 的 人 即 可 看 懂 百 分
zhǎngwò yí wàn duō tiáo cíhuì de rén jí kě kàn dǒng bǎi fēn
之 九 十 的 出 版 物。如 果 加 上 一些 日 常 生
zhī jiǔshí de chūbǎnwù. Rúguǒ jiā shàng yìxiē rì cháng shēng-
活 用 字，那么汉字 的 最 低 限 额 应 为 一 千 五
huó yòng zì, nàme hànzì de zuìdī xiàn´é yīng wéi yì qiān wǔ
百 个 左 右。看 来 汉 语 并 不 难 学。
bǎi gè zuǒyòu. Kànlái hànyǔ bìng bù nán xué.

CD 27

Lesetext 3

中国的饮食 Zhōngguó de Yǐnshí
Speise und Trank in China

中　国的饮食以植物性　食品　为　主，粮食
Zhōngguó de yǐnshí yǐ zhíwùxìng shípǐn wéi zhǔ, liángshi
作　主食，蔬菜和　豆制品　为　副食，肉食仅居配角，
zuò zhǔshí, shūcài hé dòuzhìpǐn wéi fùshí, ròushí jǐn jū pèijué,
不过　游牧　民族　例外。多数　人　有　饮　茶　的习惯。
búguò yóumù mínzú lìwài. Duōshù rén yǒu yǐn chá de xíguàn.

中　国　烹　饪技艺精　湛、食谱　广　泛、味道
Zhōngguó pēngrèn jì yì jīngzhàn, shípǔ guǎngfàn, wèidao
上　　乘，不仅　受　到　海内　外　华　人　的喜爱，而且
shàngchéng, bùjǐn shòudào hǎi nèi wài huárén de xǐài, érqiě
在世界　上　享　有　很　高　的知　名　度。
zài shìjiè shàng xiǎngyǒu hěn gāo de zhīmíngdù.

中　国的菜　主要　分　川、鲁、淮、粤　四大
Zhōngguó de cài zhǔyào fēn chuān, lǔ, huái, yuè sì dà
菜系，加　上　也很　知　名　的浙　江、湖南、福建、
càixì, jiāshàng yě hěn zhīmíng de Zhèjiāng, Húnán, Fújiàn,
安徽　菜，又　称　为　八　大　菜系。
Ānhuī cài, yòu chēngwéi bā dà càixì.

多　数人家老　少　一起　用　餐　并　享　用　多
Duōshù rénjiā lǎoshào yìqǐ yòng cān bìng xiǎngyòng duō
种　　菜肴。使　用　筷子就餐也是特点　之一。
zhǒng càiyáo. Shǐyòng kuàizì jiùcān yě shì tèdiǎn zhī yī.

28

Lesetext 4

主要节庆日 **Zhǔyào Jiéqìng Rì**

Die wichtigsten Festtage

中国的重大节庆日是国庆节（十月
Zhōngguó de zhòngdà jiéqìng rì shì guóqìngjié (shíyuè
一日）和春节。此外还有一系列的传统节日。
yī rì) hé chūnjié. Cǐwài hái yǒu yí xìliè de chuántǒng jiérì.
新年和五一国际劳动节是中国人与世界
Xīnnián hé wǔ yī guójì láodòng jié shì zhōngguórén yú shìjiè
各国人民共同庆祝的节日。
gè guó rénmín gòngtóng qìngzhù de jiérì.

春节是最盛大的传统节日。这一天
chūnjié shì zuì shèngdà de chuántǒng jiérì. Zhè yì tiān
是农历正月初一，也就是新的一年的开始。
shì nónglì zhēngyuè chū yī, yě jiùshì xīn de yì nián de káishǐ.
正月十五是元宵节。这时，春节的庆祝
Zhēngyuè shíwǔ shì yuánxiāojié. Zhèshí, chūnjié de qìngzhù
活动才算落下帷幕。
huódòng cái suàn luòxià wéimù.

随后还有清明节、端午节和中秋节
Suíhòu hái yǒu qīngmíngjié, duānwǔjié hé zhōngqiūjié
等。清明节既是祭奠祖先的节日，又是人们
děng. Qīngmíngjié jì shì jìdiàn zǔxiān de jiérì, yòu shì rénmen
远足踏青、沐浴春光的好时机。
yuǎnzú tàqīng, mùyù chūn guāng de hǎo shíjī.

Lesetext 5

中国人的姓氏 Zhōngguórén de Xìngshì

Die Familiennamen der Chinesen

　　中国人的姓氏已有五千多年的历史。
　　Zhōngguórén de xìngshì yǐ yǒu wǔ qiān duō nián de lìshǐ.
家族的姓氏由男性后代传承。历史上
Jiāzú de xìngshì yóu nánxìng hòudài chuánchéng. Lìshǐ shàng
曾经使用过的姓氏有两万三千多
céngjīng shǐyòng guò de xìngshì yǒu liǎng wàn sān qiān duō
个。现今使用的姓有四千多个。中国有
gè. Xiànjīn shǐyòng de xìng yǒu sì qiān duō gè. Zhōngguó yǒu
十三亿人口，绝大多数人都有自己的姓，只
shísān yì rénkǒu, juédà duōshù rén dōu yǒu zìjǐ de xìng, zhǐ
有七个少数民族仅有名而没有姓。
yǒu qī gè shǎoshù mínzú jǐn yǒu míng ér méiyǒu xìng.

　　北宋初期的姓氏专著《百家姓》里记载
　　Běisòng chūqī de xìngshì zhuānzhù《Bǎi Jiā Xìng》lǐ jìzǎi
了五百多个姓氏。现今常用姓氏有四百
le wǔ bǎi duō gè xìngshì. Xiànjīn chángyòng xìngshì yǒu sì bǎi
多个，半数以上人口集中使用的姓有
duō gè, bàn shù yǐshàng rénkǒu jízhōng shǐyòng de xìng yǒu
十九个。据统计，王、李、张、刘、陈、杨、
shíjiǔ gè. Jù tǒngjì, Wáng, Lǐ, Zhāng, Liú, Chén, Yáng,
黄、赵、吴、周为最常用的姓。
Huáng, Zhào, Wú, Zhōu wéi zuì chángyòng de xìng.

30

Lesetext 6

中国人的称呼 Zhōngguórén de Chēnghu
Die Anredeformen der Chinesen

中国人彼此的称呼随着时代的变迁
Zhōngguórén bǐcǐ de chēnghu suízhe shídài de biànqiān
也经历了几度变化。女士、先生曾一度被认
yě jīnglì le jǐ dù biànhuà. Nǚshì, xiānsheng zéng yídù bèi rèn-
为不合时宜，而今又时兴了起来。
wéi bù hé shíyí, érjīn yòu shíxīng le qǐlái.

人们在正式场合使用的称呼是女
Rénmen zài zhèngshì chǎnghé shǐyòng de chēnghu shì nǚ-
士和先生，对已婚的女士也称夫人。除对
shì hé xiānsheng, duì yǐ hūn de nǚshì yě chēng fūren. Chú duì
空中小姐外，小姐的称呼要慎用。
kōngzhōng xiǎojie wài, xiǎojie de chēnghu yào shèn yòng.

问路时，对年长的人可称呼老大爷或
Wèn lù shí, duì niánzhǎng de rén kě chēnghu lǎo dàye huò
老大妈，也可以免去称呼，直接说：对不起，请
lǎo dàmā, yě kěyǐ miǎnqù chēnghu, zhíjiē shuō:Duì bu qǐ, qǐng
问…… 后者也适用于年轻人。
wèn...... Hòuzhě yě shìyòng yú niánqīng rén.

对有学位、职称、军衔的人可以单独
Duì yǒu xuéwèi, zhíchēng, jūnxián de rén kěyǐ dāndú
称其头衔或加称女士和先生。
chēng qí tóuxián huò jiā chēng nǚshì hé xiānsheng.

31

Lesetext 7

过年的来历 Guònián de Láilì

Der Ursprung der Neujahrsfeier

传说很古的时代，有一种非常凶
Chuánshuō hěn gǔ de shídài, yǒu yì zhǒng fēicháng xiōng-
猛的野兽叫“年”。到了冬天它就闯进
měng de yěshòu jiào „nián“. Dào le dōngtiān tā jiù chuǎngjìn
村庄来找吃的，弄得人们惶惶不安。
cūnzhuāng lái zhǎo chī de, nòngde rénmen huánghuáng bùān.

人们后来发现“年”害怕红颜色、火光
Rénmen hòulái fāxiàn “nián” hàipà hóng yánsè, huǒguāng
和响声。因此，家家户户冬天门上挂
hé xiǎngsheng. Yīncǐ, jiājiā hùhù dōngtiān mén shàng guà
红颜色的木板，门口儿点燃火堆，夜里不睡
hóng yánsè de mùbǎn, ménkǒur diǎnrán huǒduī, yèlǐ bú shuì-
觉，敲敲打打闹得震天响。
jiào, qiāoqiāo dǎdǎ nào de zhèn tiān xiǎng.

“年”吓得再也不敢来了。人们欢呼雀跃，
„Nián“ xià de zài yě bù gǎn lái le. Rénmen huānhū quèyuè,
庆祝胜利。从此每到冬天这个时候，家家
qìngzhù shènglì. Cóngcǐ měi dào dōngtiān zhè ge shíhou, jiājiā
贴红对联、点灯、敲锣打鼓，通宵守夜。
tiē hóng duìlián, diǎn dēng, qiāo luó dǎ gu, tōngxiāo shǒuyè.
次日清晨互相祝贺，这就是过年”。
Cìrì qīngchén hùxiāng zhùhè, zhè jiù shì „guònián“.

Lesetext 8

标点符号的故事 Biāodiǎn Fúhào de Gùshi

Über Interpunktionszeichen

1

从 前 有 个富 翁, 请 了 一 个家 庭 教 师, 事
Cóngqián yǒu gè fùwēng, qǐng le yí gè jiātíng jiàoshī, shì-
先 说好 不 给 工 钱, 只 供给 饭菜。富 翁 又
xiān shuōhǎo bù gěi gōngqian, zhǐ gōngjǐ fàncài. Fùwēng yòu
把 这 个 意思 写 在 一 张 纸 条 上, 问 老 师 同 意
bǎ zhè ge yìsi xiě zài yì zhāng zhǐtiáo shàng, wèn lǎoshī tóngyì
不 同 意。老 师 看 了 看 纸 条, 虽 然 没 有 标 点
bù tóngyì. Lǎoshī kàn le kàn zhǐtiáo, suīrán méiyǒu biāodiǎn
符 号, 但 是 内 容 还 可以, 就 同 意 了。
fúhào, dànshì nèiróng hái kěyǐ, jiù tóngyì le.

纸 条 上 是 这 样 写 的: "没 有 鸡 鸭 也 可以
Zhǐtiáo shàng shì zhèyàng xiě de: „Méiyǒu jī yā yě kěyǐ
没 有 鱼 肉 也 可以 青 菜 一 盘 就 够 了" 富 翁 的
méiyǒu yú ròu yě kěyǐ qīngcài yì pán jiù gòu le" Fùwēng de
意思是: "没 有 鸡 鸭, 也 可以; 没 有 鱼 肉, 也 可以;
yìsi shì: „Méiyǒu jī yā, yě kěyǐ; méiyǒu yú ròu, yě kěyǐ;
青 菜一 盘 就 够 了。"
qīngcài yì pán jiù gòu le."

没 想 到 第一 次 吃饭 时, 这 位 老 师 就 喊 了
Méi xiǎngdào dì yī cì chīfàn shí, zhè wèi lǎoshī jiù hǎn le

起来:“怎么 都 是 青 菜? 一 点儿 鱼 肉 也 没 有?
qǐlái: „Zěnme dōu shì qīngcài? Yìdiǎnr yú ròu yě méiyǒu?
纸 条 上 不 是 写 了 吗, 没 有 鸡, 鸭 也 可以; 没 有
Zhǐtiáo shàng bú shì xiě le ma, méiyǒu jī, yā yě kěyǐ; méiyǒu
鱼, 肉 也 可以; 青 菜 一 盘 就 够 了。”
yú, ròu yě kěyǐ; qīngcài yì pán jiù gòu le.“

结 果, 你 说 你 有理, 他 说 他 有理, 吵 个 不
Jiéguǒ, nǐ shuō nǐ yǒulǐ, tā shuō tā yǒulǐ, chǎo gè bù
停。
tíng.

2

有 位 穷 书 生 到 亲戚家 串 门。顷 刻
Yǒu wèi qióng shūshēng dào qīnqi jiā chuànmén. Qǐngkè
间 外 面 下 起 大 雨 来。这 时 已 近 傍 晚, 他 打 算
jiān wàimiàn xià qǐ dà yǔ lái. Zhèshí yǐ jìn bàngwǎn, tā dǎsuàn
住 下 来。但 是 亲戚 并 不 情 愿, 于是 在 纸 上
zhù xiàlai. Dànshì qīnqi bìng bù qíngyuàn, yúshì zài zhǐ shàng
写 了一句 话: 下雨 天 留 客 天 留 我 不 留。
xiě le yí jù huà: xiàyǔ tiān liú kè tiān liú wǒ bù liú.

穷 书 生 看 了 纸 条, 加 注 标 点 后 推 了
Qióng shūshēng kàn le zhǐtiáo, jiā zhù biāodiǎn hòu tuī le
回 去。亲 戚 的 本 意 是 要 送 客: “下 雨, 天 留 客,
huíqù. Qīnqi de běnyì shì yào sòng kè: „Xiàyǔ, tiān liú kè,
天 留, 我 不 留。” 可 是 书 生 圈 点 后 的 意思 变
tiān liú, wǒ bù liú.“ Kěshì shūshēng quāndiǎn hòu de yìsi biàn-
成 了: “下 雨 天, 留 客 天, 留 我 不? 留!”
chéng le: „Xiàyǔ tiān, liú kè tiān, liú wǒ bù? Liú! “

Lesetext 9

粽子的故事 Zòngzi de Gùshi
Über Zongzi

屈 原 是 战 国 时代 楚 国 伟大的 爱国 诗
Qū Yuán shì zhànguó shídài Chŭguó wĕidà de ài guó shī-
人。他 因 受 到 排挤 和 迫 害 而 投 江 自尽。人 们
rén. Tā yīn shòudào páijĭ hé pòhài ér tóu jiāng zìjìn. Rénmen
为 了 纪 念 他，每 逢 他 的 忌日（五 月 初 五）都 会
wèile jìniàn tā, mĕiféng tā de jì rì (wŭ yuè chū wŭ) dōu huì
乘 船 把 饭 菜 投 到 江 里。
chéng chuán bă fàncài tóu dào jiāng lĭ.

一 天 晚 上 有人 梦 见 屈 原，于是 问
Yì tiān wănshang yŏurén mèngjiàn Qū Yuán, yúshì wèn
他 是否 吃 到 人 们 送 的 美 食。屈 原 说 都
tā shìfŏu chī dào rénmen sòng de mĕishí. Qū Yuán shuō dōu
被 水 族 吃 了，并 且 建 议 把 饭 菜 包 起来，做 成
bèi shuĭzú chī le, bìngqiĕ jiànyì bă fàncài bāo qĭlái, zuòchéng
粽 子 就 好 了。
zòngzi jiù hăo le.

后 来 又 根 据 屈 原 的 托 梦，把 船 装
Hòulái yòu gēnjù Qū Yuán de tuō mèng, bă chuán zhuāng-
扮 成 龙 的 样 子，水 族 会 以为 龙 王 来 了。
bàn chéng lóng de yàngzi, shuĭzú huì yĭwéi lóngwáng lái le.
从 此，有 了 端 午 节 吃 粽 子 和 赛 龙 舟 的 习俗。
Cóngcĭ , yŏu le duānwŭjié chī zòngzi hé sàilóngchōu de xísú.

Lesetext 10

画蛇添足 Huà Shé Tiān Zú

Eine Schlange malen und Füsse hinzufügen

古 时候，有 几 个 朋友 一起喝 酒。只 有 一壶 酒，
Gǔ shíhou, yǒu jǐ gè péngyǒu yìqǐ hē jiǔ. Zhǐ yǒu yì hú jiǔ,
给 谁 喝 呢？一个 人 说：“我们 每 人 画 一 条 蛇，
gěi shuǐ hē ne? Yí gè rén shuō: „Wǒmen měi rén huà yì tiáo shé,
谁 先 画 完，就 给 谁 喝，好 吗？” 大家 都 同意。
shuǐ xiān huà wán, jiù gěi shuǐ hē, hǎo ma?“ Dàjiā dōu tóngyì.

一 个 年 轻 人 很 快 画 完 了。他 看 别 人 还
Yí gè niánqīng rén hěn kuài huà wán le. Tā kàn biérén hái
没 画 完，就 给 蛇 添 了几只 脚。这 时 候 一 个
méi huà wán, jiù gěi shé tiān le jǐ zhī jiǎo. Zhè shíhou yí gè
人 大 声 说：“我 画 完 了，该 给 我 喝。” 年 轻
rén dàshēng shuō: „Wǒ huà wán le, gāi gěi wǒ hē.“ Niánqīng
人 着急地 说：“是 我 第一个 画 完 的，我 还 给 蛇
rén zháojí de shuō: „Shi wǒ dì yī gè huà wán de, wǒ hái gěi shé
画 了几只 脚。” 那 个 人 说：“蛇 是 没 有 脚 的，
huà le jǐ zhī jiǎo.“ Nà gè rén shuō: „Shé shì méiyǒu jiǎo de,
你 画 了 脚 就 不 是 蛇 了。” 大 家 都 表 示 赞 同。
nǐ huà le jiǎo jiù bú shì shé le.“ Dàjiā dōu biǎoshì zàntóng.

“画 蛇 添 足” 从 此 变 成 了 成 语，用 来
„Huà shé tiān zú“ cóngcǐ biànchéng le chéngyǔ, yònglái
形 容 做 事 时 做 了 多 余 和 不 恰 当 的 事 情。
xíngróng zuòshì shí zuò le duōyú hé bú qiàdàng de shìqing.

Lesetext 11

都 走 了 Dōu Zǒu le

Alle (Gäste) sind weggegangen

有 一个人 说 话不注意分寸，时常 惹人
Yǒu yí gè rén shuōhuà bú zhùyì fēncun, shícháng rě rén
不 高 兴。一 天 他 过 生 日，在 饭 馆 里 请 客。他
bù gāoxìng. Yì tiān tā guò shēngrì, zài fànguǎn lǐ qǐngkè. Tā
给 许 多 人 发了 邀 请，可是 前 来 的 人 很 少。
gěi xǔduō rén fā le yāoqǐng, kěshì qiánlái de rén hěn shǎo.

主 人 有 点儿 着 急，随 口 就 说：“你 看！该
Zhǔren yǒudiǎnr zháojí, suíkǒu jiù shuō: „Nǐ kàn! Gāi
来 的 没 来。”已 经 到 了 的 客 人 一 听，以为 自 己 是 属
lái de méi lái.“ Yǐjing dào le de kèren yì tīng, yǐwéi zìjǐ shì shǔ-
于 不 该 来 的，于是 有 人 起 身 走 了。主 人 更 着
yú bù gāi lái de,yúshì yǒurén qǐshēn zǒu le.Zhǔren gèng zháo-
急了，又 说：“唉！不 该 走 的 又 走 了。”剩 下 的
jí le, yòu shuō: „Ài! Bù gāi zǒu de yòu zǒu le.“ Shèngxià de
客人 以为 自己 才 是 应 该 走 的，于 是 也 走 了。
kèren yǐwéi zìjǐ cái shì yīnggāi zǒu de, yúshì yě zǒu le.

留 下 的 只 有 他 最 好 的 朋 友，对 他 说：“你
Liúxià de zhǐ yǒu tā zuìhǎo de péngyǒu, duì tā shuō: „Nǐ
把 客人 都 气 走 了。”他 沮 丧 地 说：“那些 话 不 是
bǎ kèren dōu qì zǒu le.“ Tā jǔsàng de shuō:„Nàxiē huà bú shì
对 他 们 说 的啊！”朋 友 一 想：不 是 对 他们 说
duì tāmen shuō de a!“ Péngyǒu yì xiǎng: Bú shì duì tāmen shuō
的，那 准 是 指 我 了。结 果，最 后 的 客 人 也 走 了。
de, nà zhǔn shì zhǐ wǒ le. Jiéguǒ, zuìhòu de kèren yě zǒu le.

Lesetext 12

正 反 话 Zhèng Fǎn Huà

Wechsel von Subjekt und Objekt

(相声 Xiàngsheng Komischer Dialog)

A: 听说你的中国话说得不错。
Tīngshuō nǐ de zhōngguóhuà shuō de búcuò.

B: 不敢当。
Bù gǎndāng.

A: 我们用中国话表演个节目，好吗？
Wǒmen yòng zhōngguóhuà biǎoyǎn ge jiémù, hǎo ma?

B: 没问题。说相声你行吗？
Méi wènti. Shuō xiàngsheng nǐ xíng ma?

A: 那很容易，说什么吧？
Nà hěn róngyì, shuō shénme ba?

B: 正反话。就是我先说一句话，你再把这
Zhèng fǎn huà. Jiù shì wǒ xiān shuō yí jù huà, nǐ zài bǎ zhè
句话倒过来说。
jù huà dào guò lái shuō.

A: 好，试试吧！
Hǎo, shìshi ba!

B: 开始了。我爱北京。
Kāishǐ le. Wǒ ài Běijīng.

A: 北京爱我。
Běijīng ài wǒ.

B: 我爱你。
Wǒ ài nǐ.

A: 你 爱 我。

Nǐ ài wǒ.

B: 我　包　饺子。

Wǒ bāo jiǎozi.

A: 饺　子包　我。哎，我 这 么 大 的 人，包 得 进 去 吗！

Jiǎozi bāo wǒ. Ài, wǒ zhème dà de rén bāo de jìnqù ma!

重　　来！

Chóng lái!

B: 我　吃　鱼。

Wǒ chī yú.

A: 鱼　吃 我。哎呀！我　什　么　时 候　掉 进 海 里去了？

Yú chī wǒ. Āiyā! Wǒ shénme shíhou diàojìn hǎi lǐ qù le?

不　行，再 来！

Bùxíng, zài lái!

B: 再　说　错　了，怎 么 办？

Zài shuōcuò le, zěnme bàn?

A: 请　你　吃 烤　鸭！

Qǐng nǐ chī kǎoyā!

B: 开　始　了！我　喝 啤酒，不 喝　茅 台。

Kāishǐ le! Wǒ hē píjiǔ, bù hē máotái.

A: 啤酒 我 喝，茅　台 我　不 喝。

Píjiǔ wǒ hē, máotái wǒ bù hē.

B: 儿子　淘气，　我 可以　教　训 他。

Érzi táoqì, wǒ kěyǐ jiàoxun tā.

A: 我　淘气，儿子可以 教　训　我。啊？这 不 是　乱　套 了

Wǒ táoqì, érzi kěyǐ jiàoxun wǒ. Á? Zhè búshì luàntào le

吗！

ma!

B: 你 又　说　错　了，请　吃　烤 鸭　吧！

Nǐ yòu shuō cuò le, qǐng chī kǎoyā ba!

常用反义词 Chángyòng Fǎnyìcí
Gebräuchliche Antomyme

阳 yáng (Yang) ←→ 阴 yīn (Yin)

男 nán (Mann) ←→ 女 nǚ (Frau)

丈夫 zhàngfu (Ehemann) ←→ 妻子 qīzi (Ehefrau)

先生 xiānsheng (Herr) ←→ 女士 nǚshì (Frau; Dame)

胖 pàng (dick) ←→ 瘦 shòu (mager)

肥 féi (weit) ←→ 瘦 shòu (eng)

爱 ài (Liebe; lieben) ←→ 恨 hèn (Hass; hassen)

喜欢 xǐhuan (mögen) ←→讨厌 tǎoyàn (Abneigung empfinden)

天 tiān (Himmel) ←→ 地 dì (Erde)

大 dà (groß) ←→ 小 xiǎo (klein)

长 cháng (lang) ←→ 短 duǎn (kurz)

宽 kuān (breit) ←→ 窄 zhǎi (schmal)

高 gāo (hoch) ←→ 低 dī (niedrig; tief)

深 shēn (tief) ←→ 浅 qiǎn (seicht; flach)

好 hǎo (gut) ←→ 坏 huài (schlecht)

多 duō (viel) ←→ 少 shǎo (wenig)

优 yōu (vorzüglich) ←→ 劣 liè (minderwertig)

强 qiáng (stark) ←→ 弱 ruò (schwach)

刚 gāng (hart; kräftig) ←→ 柔 ròu (sanft; geschmeidig)

硬 yìng (hart; fest) ←→ 软 ruǎn (weich; nachgebend)

干燥 gānzào (trocken) ←→ 湿润 shīrùn (feucht)

轻 qīng (leicht) ←→ 重 zhòng (schwer)

粗 cū (dick und groß; massig) ←→ 细 xì (dünn und schmal)

厚 hòu (dick) ←→ 薄 bó (dünn)

亮 liàng (hell) ←→ 暗 àn (dunkel)

白 bái (weiß) ←→ 黑 hēi (schwarz)

热 rè (heiß) ←→ 冷 lěng (kalt)

暖和 nuǎnhé (warm) ←→ 凉快 liángkuài (kühl)

松 sōng (locker) ←→ 紧 jǐn (eng; knapp)

张 zhāng (gespannt) ←→ 弛 chí (entspannt)

快 kuài (schnell) ←→ 慢 màn (langsam)

始 shǐ (Anfang) ←→ 终 zhōng (Ende)

早 zǎo (früh) ←→ 晚 wǎn (spät)

以前 yǐqián (früher) ←→ 以后 yǐhòu (später)

从前 cóngqián (früher) ←→ 后来 hòulái (später)

是 shì (sein) ←→ 不是 bú shì (nicht sein)

有yǒu (haben; es gibt) ←→没有méiyǒu (nicht haben; es gibt nicht)

正 zhèng (positiv) ←→ 负 fù (negativ)

难 nán (schwer; schwierig) ←→ 易 yì (leicht; nicht schwierig)

干净 gānjìng (sauber) ←→ 脏 zāng (schmutzig)

远 yuǎn (weit) ←→ 近 jìn (nah)

开 kāi (öffnen; an) ←→ 关 guān (schließen; aus)

上 shàng (oben) ←→ 下 xià (unten)

上面 shàngmian(oben; oberhalb) ←→ 下面 xiàmian(unten; unterhalb)

左zuǒ (links) ←→ 右 yòu (rechts)

前qián (vorn) ←→ 后 hòu (hinten)

内 nèi (innen) ←→ 外 wài (außen)

里边 lǐbian (innen) ←→ 外边 wàibian (außen)

来 lái (kommen) ←→ 去 qù (gehen)

进 jìn (hineingehen) ←→ 出 chū (hinausgehen)

进来 jìnlái (hereinkommen) ←→ 出去 chūqù (hinausgehen)

进去 jìnqù (hineingehen) ←→ 出来 chūlái (heraukommen)

上来 shànglái (heraufkommen) ←→ 下去 xiàqù (hinuntergehen)

上去 shàngqù (hinaufgehen) ←→ 下来 xiàlái (herunterkommen)

过来 guòlái (herkommen) ←→ 过去 guòqù (herübergehen)

出来 chūlái (herauskommen) ←→ 出去 chūqù (hinausgehen)

回来 huílái (zurückkommen) ←→ 回去 huíqù (zurückgehen)

拿来 nálái (hernehmen) ←→ 取走 qǔzǒu (abnehmen)

取来 qǔlái (herholen) ←→ 拿走 názǒu (fortnehmen)

香 xiāng (duftend) ←→ 臭 chòu (stinkend)

咸 xián (salzig) ←→ 淡dàn (wenig gesalzen)

浓 nóng (stark; würzig) ←→ 淡dàn (fade; nicht würzig)

浓郁 nóngyù (stark duftend) ←→ 清淡 qīngdàn (leicht gewürzt)

买 mǎi (Kauf; kaufen) ←→ 卖 mài (Verkauf; verkaufen)

贵 guì (teuer) ←→ 便宜 piányì (billig; preiswert)

东部 dōngbù (Osten) ←→ 西部 xībù (Westen)

南方 nánfāng (Süden) ←→ 北方 běifāng (Norden)

练习答案 Lösungen der Übungen

Lektion 1:

1.

a) 他是我的秘书（丈夫；儿子）。

b) 施密特的朋友是中国人（德国人；卢森堡人；瑞士人）。

c) 我不喝茶（喝咖啡；喝橙汁）。

2.

他是您的秘书（同事）吗？

他是不是您的秘书（同事）？

他不是我的秘书（同事），是米勒的秘书（同事）。

Lektion 2:

1.

a) 请问，您（米勒先生办公室；施密特先生房间）的电话号码是多少？

b) 请您找一下米勒先生（施密特先生的夫人；米勒先生的秘书）。

c) 您打电话（喝咖啡；去北京；出去；休息；去旅行；去办公室）了吗？我打电话（喝咖啡；去北京；出去；休息；去旅行；去办公室）了。我没打电话（喝咖啡；去北京；出去；休息；去旅行；去办公室）。

2.

a) 我去北京饭店了。

b) 您去米勒先生办公室了吗？

c) 施密特先生没去旅行。

d) 星期日您去北京饭店了吗？

Lektion 3

1.

我要喝咖啡（吃饭；休息；打电话；去北京；去旅行；去办公室）。

2.

a) 我想喝茶（咖啡；矿泉水）。

b) 我要去银行（办公室；北京饭店）。

3.

a) 我现在要去银行。

b) 我的夫人想喝茶。

c) 您会说汉语。

d) 这里不可以抽烟。

Lektion 4

1.

a) 有米饭（可口可乐；橙汁；矿泉水；啤酒）吗？

b) 来一个熘鱼片。 来一瓶啤酒。 来一杯咖啡。 来一份米饭。

c) 这个菜不辣（不太辣；辣极了；很好吃；不好吃；味道好极了）。

2.

a) 有咖啡。没有咖啡。

b) 要饺子。不要饺子。

c) 这个菜好吃。这个菜不好吃。

d) 不要别的了。

3.

a) 您要点儿什么？

b) 还有别的吗？

c) 咖啡味道怎么样？

Lektion 5

2.

a) 明天是四月一日，星期三。昨天是三月三十日，星期一。

b) 我明天上午出去，中午换钱，下午回来，晚上休息。

3.

a) 施密特先生哪天来？

b) 他什么时候来？

c) 您什么时候去中国？

d) 您什么时候回来？

Lektion 6

1.

a) 他在银行换钱 （邮局寄信；办公室打电话；朋友那儿吃饭；北京工作；这儿吃饺子）。

b) 我给朋友写信（妻子打电话；朋友买邮票）。

2.

a) 他弟弟在北京上学。

b) 我在银行换钱。

c) 明天我在朋友那儿吃饭。

d) 今天晚上我在房间里喝茶。

3.

a) 您在哪儿工作？我在办公室工作。

b) 您在哪儿吃饭？我在施密特那儿吃饭。

c) 您给谁寄明信片？我给弟弟寄明信片。

d) 您往哪儿打电话？我往中国打电话。

e) 您在哪儿学习汉语？我在北京学习汉语。

Lektion 7

1.

a) 去友谊宾馆怎么坐车？这封信怎么寄？用欧元换人民币怎么换？这个汉字怎么写？

b) 从北京饭店到中国银行很近。 从友谊宾馆到动物园坐332路公共汽车。 从下午两点到下午五点工作。 从星期六到星期日休息。从十月到十二月去旅行。

c) 请您写（说；看；问；找）一下。

2.

a) 从下午四点到六点在家。
b) 从中国银行到邮局很近。
c) 从十月到十一月去旅行。
d) 从这儿到施密特家坐10路车。

Lektion 8

1.

您去银行还是去邮局？您寄信还是买邮票？您换人民币还是换欧元？您买香蕉还是买桔子？您买土豆还是买西红柿？您坐公共汽车还是坐无轨电车？您喜欢吃辣的还是喜欢吃甜的？

2.

a) 我想买桔子，多少钱一公斤？
b) 来两公斤大的。
c) 给您钱。

Lektion 9

2.

a) 施密特先生的邮票贴好了。
b) 施密特先生的信写好了。
c) 施密特先生的钱换好了。
d) 施密特先生的裤子洗干净了。

3.

a) 给他的信写好了。
b) 邮票贴好了。

Lektion 10

1.

a) 请把那张报给我。请把人民币换成欧元。请把邮票贴好。请把这块油洗掉。请把那条围巾拿来看看。

b) 这件衣服有点儿短。我要长一点儿的。这条围巾有点儿贵。我要便宜一点儿的。这条裤子有点儿大。我要小一点儿的。这个菜有点儿咸。我要清淡一点儿的。

2.

a) 这套西服有点儿大。我要小一点儿的。

b) 这个菜有点儿咸。我喜欢清淡一点儿的。

c) 这种桔子有点儿酸。我喜欢甜一点儿的。

3.

a) 请把那条围巾拿来看看。

b) 有颜色浅一点儿的吗？

c) 颜色很好看。我要这条。

Lektion 11

1.

您骑自行车去邮局（坐公共汽车去商店；用欧元换人民币；去北京饭店吃饭；去中国旅行）。

2.

a) 如果不下雨，我明天去米勒家。

b) 如果天气好，我就去公园玩儿。

3.

明天是星期日，我们不工作，想去公园玩儿。我们给施密特打个电话，问他明天有没有时间。如果他明天有时间，我们就可以出去玩儿了。

Lektion 12

2.

a) 对不起，我来晚了。

b) 谢谢你们的热情招待。

c) 你的衣服很好看。

d) 你的汉字写得不错。

3.

a) 我们新年过得很高兴。
b) 我想看看中国朋友怎么过年。
c) 我们玩儿得很好。

Lektion 13

1.

我是上星期（去年；坐汽车；骑车；和朋友一起）去香山的。

2.

a) 我是从德国来中国的。
b) 我是去年来北京的。
c) 我是和妻子一起去香山的。
d) 我的皮大衣不是在中国买的。
e) 我的人民币是在中国银行换的。

Lektion 14

1.

我们国家比中国冷。银行比邮局远。饺子比米饭好吃。这种桔子比那种甜。他的身体比我的身体好。

2.

a) 两点一刻。
b) 您的西服已经洗好了。
c) 我要买一件皮大衣。

Lektion 15

2.

a) 下雨了，我们快进屋去吧！
b) 米勒先生不在家，他到北京去了。
c) 这件衣服是我朋友送来的。
d) 昨天是谁打来的电话。
e) 他给夫人寄去了一张明信片。

Lektion 16

1.

他请我参加新年晚会。
我让他去我家过春节。
中国朋友请我吃饺子。
王先生让我吃长寿面。
他们请我们喝茶。
他让大夫给他看病。
我请他尝尝我的拿手菜。

2.

a) 我的生日是十月三日。
b) 他送给我一个老寿星。
c) 我请朋友吃长寿面。
d) 我请他们晚上七点来我家。

Lektion 17

2.

a) 吃过，很好吃。
b) 去过，香山公园很美。
c) 参加过，很有意思。
d) 看过，还吃过中药。
e) 没有，我的皮大衣是在德国买的。

Lektion 18

2.

a) 我从商店买回来一件皮大衣。
b) 他在楼上说："那是我的信，请你拿上来吧。"
c) 香山太高了，我没爬上去。
d) 这是米勒先生的衣服，请你给他带过去。
e) 我看米勒先生走回家去了。

Lektion 19

2.

a) 喝茶比喝冷饮更解渴。
b) 风越来越大，我不去香山了。
c) 路太远，还是坐汽车去吧。

3.

a) 喝茶更解渴。
b) 我喜欢喝绿茶。

Lektion 20

1.

a) 昨天我买了一包茶叶。
b) 今天我给弟弟打了一个电话。
c) 上星期我写了三封信。

2.

a) 我已经去过王克先生家了。
b) 我在百货商店买了一件皮大衣。
c) 我看了今天的报纸了。
d) 我在中国住了两年。
e) 不，我已经喝过咖啡了。

3.

a) 你是不是喜欢喝茶？
b) 端午节这天，是不是家家吃粽子？

Lektion 21

1.

a) 请你明天下午来我家喝茶。
b) 我们今天晚上玩得非常高兴。
c) 中国春节家家吃饺子。

2.

a) 端午节是怎么回事？
b) 中秋节是怎么回事？

c) 冬天，去香山玩的人太少。
d) 骑自行车去，路太远，我们还是开汽车去吧。

Lektion 22

2.

a) 我昨天看京剧了。
b) 如果没有翻译，我就看不懂了。
c) 演员唱得应该不错。
d) 我坐在五排五号，我夫人坐在五排七号。

Lektion 23

2.

a) 这个饭店住着四百多人。
b) 我们开车去香山。
c) 喜欢的东西很多，行李已经太多了。
d) 昨天带着孩子去动物园玩儿了。

Lektion 24

2.

a) 飞机八点起飞，他八点十分才来。
b) 他今天身体不太好，九点钟就睡了。
c) 她在百货商店买完东西就回家了。
d) 他早上出去，晚上十一点才回来。

词 汇 表 VOKABELN

A

a 啊	ah *(Finalpartikel zur Bildung eines Ausrufsatzes)*	15
āiyā 哎呀	Oje; Ah; meine Güte *(Interjektion)*	9
ài 唉	ach *(Interjektion)*	L11
ài 爱	lieben; gern haben; Liebe	19
Ānhuī 安徽	Anhui (Name einer chines. Provinz)	L3
àn 暗	dunkel	GA
àn 岸	Ufer	20
àodìlìren 奥地利人	Österreicher(in)	1

B

bā八 (8)	acht	2
bāshí八十 (80)	achtzig	5
bāyuè 八月	August; der achte Monat (Mondkalender)	5
bádiào 拔掉	ziehen	17
bǎ 把	*Strukturpartikel*	10
ba 吧	*Schlusspartikel*	3
bái 白	weiß	GA
bǎi 百 (100)	hundert	3
bǎi fēn zhī jiǔshí 百分之九十	90 Prozent	L2

bǎihuò dàlóu 百货大楼　Warenhaus　10
《Bǎi Jiā Xìng》《百家姓》　*»HunderteFamiliennamen«*　L5
bàinián 拜年　zum Neujahr gratulieren　14
bàn 半　Hälfte; halb　5
bàn gè 半个　Hälfte; halb　5
bàn shù yǐshàng 半数以上　mehr als die Hälfte　L5
bàn 办　machen; tun; erledigen　23
bànfǎ 办法　Methode; Maßnahme; Lösung　24
bàngōngshì 办公室　Büro　2
bànlǐ 办理　erledigen　24
bàngwǎn 傍晚　gegen Abend　L8
bāo 包　Päckchen　19
bāo (zòngzi, jiaozi) 包(粽子、饺子)　(Zongzi, Jiaozi) machen, einwickeln　18
bāo jìnqù 包进去　einwickeln　L12
bǎo 饱　satt; satt sein　18
bào (zhǐ) 报(纸) Zeitung　5
bào 抱　in die Arme nehmen; in den Armen halten　23
bàozhú 爆竹　Feuerwerk　14
bēi 杯　Tasse　19
bēizi 杯子　Tasse　21
běifāng 北方　Norden　13
Běijīng 北京　Beijing　2
Běijīng fàndiàn 北京饭店　Beijing Hotel　2
Běijīng píjiǔ 北京啤酒　Beijing Bier　4
Běisòng 北宋　die Nördliche Song-Dynastie　L5
bèi 被　von, durch *(Präposition zur Bildung eines Passivs)*　L9

bèi rènwéi 被认为	als ... betrachtet werden	L6
běn 本	Zählwort für Bücher	23
běnyì 本意	eigentliche Absicht	L8
bǐ 比	zu; als; vergleichen	3
bǐjiào 比较	relativ; verhältnismäßig; recht	11
bǐcǐ 彼此	einander; gegenseitig	L6
bìzhǒng 币种	Währungssorte, Geldsorte	3
biànchéng 变成	zu ... werden; sich in ... verwandeln	L8
biànhuà 变化	Veränderung; Umwandlung	L6
biànqiān 变迁	Wandel	L6
biāodiǎn 标点	Interpunktion	L8
biāodiǎn fúhào 标点符号	Interpunktionszeichen	L8
biǎomíng 表明	erkennen lassen; deutlich machen	L2
biǎoshì 表示	zeigen; ausdrücken; äußern	L10
biǎoyǎn jiémù 表演节目	eine Vorführung geben; vorführen	L12
bié 别	nicht	24
biéde 别的	andere	4
biérén 别人	der andere; andere (Leute)	L10
bīnguǎn 宾馆	Hotel; Gästehaus	7
bìng 病	krank	17
bìng 并	und	3
bìngqiě 并且	und; ferner; übrigens	L1
bó 薄	dünn	GA
bù (bzw. bú) 不	nicht	1
búcuò 不错	nicht schlecht	11
búdà 不大	nicht sehr; nicht so	15
bùdé 不得	nicht dürfen	24

bù gǎndāng 不敢当	ich bin dessen nicht würdig; Sie machen Komplimente	L12
búguò 不过	aber; jedoch	L2
bù hé shíyí 不合时宜	unzeitgemäß	L6
bùjǐn 不仅	nicht nur; nicht allein	L3
bú kèqi 不客气	nichts zu danken; keine Ursache	2
bù shǎo 不少	einige; nicht wenig; recht viel	20
bú shì 不是	nicht sein	L1
bú xiè 不谢	nichts zu danken	7
bùxíng 不行	es geht nicht; unmöglich sein	18
búyòng 不用	nicht benötigen; unnötig sein	11

C

cái 才	erst	24
cài 菜	Speise; Gericht	4
càixì 菜系	Kochschule	L3
càiyáo 菜肴	Gericht; Speise	L3
cānguān 参观	besichtigen; besuchen	15
cānjiā 参加	teilnehmen	12
cǎo 草	Gras	AS
céng 曾	einmal; jemals	L6
céngjīng 曾经	jemals	L5
chá 茶	Tee	1
cháguǎnr 茶馆儿	Teehaus	19
cháshuǐ 茶水	Tee oder gekochtes Wasser	19
cháyè 茶叶	Tee; Teeblätter	19

cháyèdiàn 茶叶店	Teeladen	19
chà 差	fehlen; kurz vor	5
chà bu duō 差不多	fast gleich; fast alle	15
cháng 尝	probieren	16
cháng 常	oft	13
chángyòng 常用	gebräuchlich	L2
cháng 长	lang	10
chángchéng 长城	die Große Mauer	15
Chángjiāng 长江	Changjiang (Yangtse-Fluss)	20
chángshòu 长寿	langlebig	16
chángshòumiàn 长寿面	Nudel der Langlebigkeit	16
chǎnghé 场合	Umstände; Situation; Fall	L6
chàng 唱	singen	22
chāoguò 超过	überschreiten; übertreffen	24
chǎo 吵	Krach machen; lärmen; streiten	L8
chǎo gè bù tíng 吵个不停	streiten ohne Ende	L8
chē 车	Wagen; Fahrzeug	7
Chén 陈	Chen (Familienname)	L5
chēng 称	wiegen; anreden	6
chēnghu 称呼	anreden; Anredeform	L6
chēngwéi 称为	benennen; bezeichnen	L3
Chéngdū 成都	Chengdu	20
chéngyǔ 成语	Redewendung	L10
chéng 乘	fahren mit (einem Fahrzeug, Flugzeug od. Schiff)	L9
chéng 乘船	fahren mit einem Schiff	L9
chéngzhī 橙汁	Orangensaft	1
chī 吃	essen	4

chī de 吃的	Essbares, zum Verzehr Geeignetes	L7
chī dào 吃到	zum Verzehren bekommen	L9
chīfàn 吃饭	essen	4
chī(yào) 吃(药)	(Medizin) einnehmen	17
chí 弛	entspannt	GA
chóng lái 重来	von neuem anfangen	L12
Chóngqìng 重庆	Chongqing	20
chōuyān 抽烟	rauchen	1
chòu 臭	stinkend	GA
chūqī 初期	Anfang; Frühphase	L5
chūwǔ 初五	der fünfte Tag eines jeweiligen Monats	18
chūyī 初一	der erste Tag eines jeweiligen Monats	14
chū 出	hinausgehen; herausgeben	6
chūbǎnwù 出版物	Publikation	L2
chūlái 出来	herauskommen	GA
chūménr 出门儿	ausgehen; verreist sein	20
chūqù 出去	ausgehen; hinausgehen	5
chūshì 出示	zeigen	3
chú ... wài 除…外	außer; mit Ausnahme von	L6
chúxī 除夕	Silvester	14
Chǔguó 楚国	Königtum Chu (währ. d. Streitenden Reiche)	L9
chuān 川	Chuan (Abkürzung von Sichuan)	L3
chuánchéng 传承	fortführen	L5
chuánshuō 传说	Legende; Sage; Überlieferung	L7
chuántǒng 传统	traditionell; Tradition	14
chuán 船	Schiff; Boot	L9
(zuò) chuán (坐)船	(mit dem) Schiff (fahren)	20

chuànmén 串门 bei jmdm einen kurzen Besuch machen L8

chuǎngjìn 闯进 hineingestürzt kommen; mit der Tür ins Haus fallen L7

chuàngzàolì 创造力 Schöpferkraft L1

chūnjié 春节 Frühlingsfest 14

chūnlián 春联 Neujahrsspruchrollen 14

chūntiān 春天 Frühling 13

cíqì 瓷器 Porzellanwaren 23

cí 词 Wort L2

cíhuì 词汇 Wortschatz L2

cǐwài 此外 außerdem L4

cì 次 Mal; sekundär 20

cì chángyòng 次常用 weniger häufig gebraucht L2

cìrì 次日 am folgenden Tag L7

cìxiù 刺绣 Stickerei 23

cōnghuì 聪慧 klug; gescheit; intelligent L1

cóng 从 von 7

cóngcǐ 从此 von nun an L7

cóngqián 从前 früher L8

cū 粗 dick und groß; massig GA

cūnzhuāng 村庄 Dorf L7

D

dǎ (diànhuà) 打(电话) anrufen; telefonieren 2

dǎ diànhuà 打电话 anrufen; telefonieren 2

dǎsuàn 打算 vorhaben 20

dǎzhēn 打针 eine Spritze geben; injizieren 17
dà 大 groß 8
dàhǎi 大海 Meer; Ozean L1
dàjiā 大家 alle 12
dànián chūyī 大年初一 der erste Tag des neuen Jahres 14
dàshēng 大声 laut L10
dàxué 大学 Universität 6
dàifu 大夫 Arzt; Doktor 17
dài 带 mitnehmen; mitbringen 23
dài huíqù 带回去 (nach Hause) mitnehmen 23
dāndú 单独 allein; nur L6
dānzi 单子 Zettel 9
dānwù 耽误 verpassen 24
dàn 淡 fade; nicht würzig; wenig gesalzen GA
dànshì 但是 aber L8
dàngāo 蛋糕 Torte 16
dāng 当 als ... fungieren; als ... tätig sein 22
dāngrán 当然 natürlich 10
dǎoyǔ 岛屿 Insel L1
dào 到 gelangen; nach (…hin); sich (an einen Ort) begeben 7
dào guò lái 倒过来 umkehren L12
dé 得 bekommen 22
Déguó 德国 Deutschland 6
déguórén 德国人 Deutsche(r) 1
de 地 *Strukturpartikel zur Bildung eines Adverbiales* L10
de 的 *Strukturpartikel; Hilfspartikel* 1
de 得 *Hilfspartikel für adverbialen Zusatz der Fähigkeit oder*

des Ereignisses oder des Intensitätsgrades 12
děi 得 brauchen; benötigen; müssen; erforderlich sein 15
dēngjī 登机 boarden 24
dēng 灯 Lampe; Lampion L7
děng 等 warten; und so weiter 2
dī 低 niedrig; tief GA
dìdi 弟弟 jüngerer Brude 6
dìsān 第三 der dritte (Platz) L1
dì yī cì 第一次 das erste Mal; zum ersten Mal L8
dì yī gè 第一个 der erste L10
dì 地 Erde; Boden GA
dìfang 地方 Ort 5
diǎn 点 Uhr; Punkt; zählen; anzünden 3
diǎnr 点儿 ein bisschen 8
diǎnrán 点燃 anzünden L7
diànhuà 电话 Telefon 2
diànhuà hàomǎ 电话号码 Telefonnummer 2
diāopí 貂皮 Zobelpelz 10
diàojìn 掉进 hineinfallen L12
dǐng 顶 Spitze; Gipfel 15
dōng 东 Osten; Ost L1
dōngbù 东部 Osten L1
dōngxi 东西 Sache; Ding 23
dōngtiān 冬天 Winter 13
dòngwùyuán 动物园 Zoo 7
dōu 都 all; ganz; schon 3
dòushā 豆沙 süße Paste aus Rotbohnen (als Füllung) 18

dòuzhìpǐn 豆制品	Bohnenprodukte	L2
dú 读	lesen	3
dúzuò 读作	gelesen als	3
dùzi 肚子	Bauch	17
duānwǔjié 端午节	Drachenbootfest	18
duǎn 短	kurz	10
duì 对	zu; gegenüber; über; richtig	3
duì bu qǐ 对不起	Entschuldigung	1
duìlián 对联	Spruchrollen (PL.)	L7
duìmiàn 对面	gegenüber	7
duìhuàn 兑换	umwechseln	3
duìhuàndān 兑换单	Wechselbeleg	3
duìhuànlǜ 兑换率	Wechselkurs	3
duō 多	viel; mehr; über; wie viel	14
duō jiǔ 多久	wie lange	15
duōshao 多少	wie viel	2
duōshù 多数	Mehrheit; meist	L3
duōshù rén 多数人	die meisten Leute; die Mehrheit	L3
duōyú 多余	überflüssig; unnötig	L10

E

ér 而	aber	L5
érjīn 而今	jetzt; heutzutage	L6
érqiě 而且	und; überdies	L3
érzi 儿子	Sohn	1
èr 二 (2)	zwei, zwo	2

èrbǎi 二百(200) zwei hundert 5
èrbǎiwǔshí 二百五十(250) zwei hundert fünfzig 5
èrshí 二十(20) zwanzig 5
èrshíbā 二十八(28) acht und zwanzig 5
èrshíèr 二十二(22) zwei und zwanzig 5
èrshíjiǔ 二十九(29) neun und zwanzig 5
èrshíliù 二十六(26) sechs und zwanzig 5
èrshíqī 二十七(27) sieben und zwanzig 5
èrshísān 二十三(23) drei und zwanzig 5
èrshísì 二十四(24) vier und zwanzig 5
èrshíwǔ 二十五(25) fünf und zwanzig 5
èrshíyī 二十一(21) ein und zwanzig 5
èryuè 二月 Fabruar; der zweite Monat (Mondkalender) 5

F

fā(chū) 发(出) abgeben; aussenden L11
fāhuī 发挥 entfalten; zur Geltung bringen L1
fāshāo 发烧 Fieber haben 17
fāxiàn 发现 entdecken; finden; merken L7
fāzhǎn 发展 entwickeln; Entwicklung L1
fāzhǎn zhōng guójiā 发展中国家 Entwicklungsland L1
fānyì 翻译 dolmetschen; übersetzen; Dolmetscher; Übersetzer 22
fàncài 饭菜 Essen L8
fàndiàn 饭店 Restaurant; Hotel 11
fànguǎn 饭馆 Restaurant; Lokal L11
fāngshì 方式 Weise; Art und Weise L2

fángjiān 房间 Zimmer 2
fēi 非 nicht; kein 15
fēicháng 非常 sehr; außerordentlich 6
fēijī 飞机 Flugzeug 23
fēijī piào 飞机票 Flugticket 23
féi 肥 weit (z. B. bei Kleidern, Hosen, Schuhen …) 10
fēn (zhōng) 分(钟) Minute 5
fēn 分 Fen (100 Fen = ein Yuan); sich einteilen lassen 3
fēncun 分寸 richtiges Maß; taktvoll L11
fēnfāng 芬芳 duftend; wohlriechend AS
fèn 份 Portion; Exemplar *(Zählwort)* 4
fēng 封 *Zählwort für Brief etc.* 6
fēngguāng 风光 Landschaft 20
fēngjǐng 风景 Landschaft 15
fēngshù 枫树 Ahorn 11
fēngsú 风俗 Sitten 18
fēngwèi 风味 Geschmack; Spezialität 18
fūren 夫人 Frau; Ehefrau 1
Fújiàn 福建 Fujian (Name einer chines. Provinz) 20
fúwùtái 服务台 Rezeption 2
fùqīn 父亲 Vater 6
fùwēng 富翁 reicher Mann L8
fùshí 副食 Lebensmittel außer Getreideprodukten L2
fù 负 negativ GA

G

gāi 该	sollen	L10
gānbēi 干杯	prost; austrinken	12
gānjìng 干净	sauber	9
gānzào 干燥	trocken	13
gǎn bú shàng 赶不上	verpassen	24
gǎnkuài 赶快	schnell; sofort	24
gǎn 敢	sich trauen; sich erkühnen; sich erdreisten	L7
gāng 刚	eben; erst; hart; kräftig	12
gāo 高	hoch	11
gāoxìng 高兴	sich freuen	1
gē 歌	Lied	23
gè 个	Stück *(Zählwort)*	4
gěi 给	geben; Dativpräffix; für	6
gēnjù 根据	nach; gemäß; laut	L9
gèng 更	noch mehr	19
gèngjiā 更加	noch mehr	L1
gōngqian 工钱	Lohn; Gehalt	L8
gōngzuò 工作	arbeiten; Arbeit	6
gōngjǐ 供给	anbieten; jmdn mit ... versorgen	L8
gōnggòng qìchē 公共汽车	Bus	7
gōngjīn 公斤	Kilogramm	8
gōngyuán 公园	Park	11
gòngtóng 共同	gemeinsam	L4
gòu 够	ausreichen; genügen; genug	L8
gòuchéng 构成	bilden; zusammensetzen	L2
gǔ 古	alt	L7
gǔ guó 古国	Land mit einer langen Geschichte	L1

gùshi 故事 Geschichte L8
guāfēng 刮风 windig sein 11
guà 挂 hängen L7
guàhào 挂号 sich anmelden (beim Arzt usw.) 17
(wàng yòu) guǎi (往右)拐 (nach rechts) abbiegen 7
guān 关 schließen; aus GA
guānxì 关系 Beziehung; Belang 1
guǎnyòng 管用 wirksam sein 17
Guǎngdōng 广东 Guangdong (Name einer chines. Provinz) 20
guǎngfàn 广泛 umfangreich; umfassend L3
Guǎngxī 广西 Guangxi (Name einer chines. Provinz) 15
Guìlín 桂林 Guilin 15
guì 贵 teuer 8
"Guìfēi Zuìjiǔ" "贵妃醉酒" „Die betrunkene Schönheit" 22
guójiā 国家 Staat; Land 13
guóqìngjié 国庆节 Nationalfeiertag L4
guò 过 *verbringen; vorüber sein; adverialer Zusatz des Ergebnisses* 12
guòlái 过来 herkommen GA
guònián 过年 Neujahr feiern 12
guòqù 过去 herübergehen GA
guò shēngrì 过生日 Geburtstag feiern 16

H

hái 还 noch 4
hái hǎo 还好 leidlich; nicht schlecht 13

hái kěyǐ 还可以	leidlich; nicht schlecht	17
háishì 还是	oder (bei Altcrnativfragen); es wäre besser	8
háizi 孩子	Kind	12
hǎi 海	Meer; See	L12
Hǎinándǎo 海南岛	Insel Hainan	20
hǎi nèi wài huárén 海内外华人	Chinesen in China und Überse	L3
hàipà 害怕	Angst haben	L7
hǎn 喊	laut rufen; schreien	L8
hànyǔ 汉语	Chinesisch	AS
hànzì 汉字	chinesisches Schriftzeichen	7
Hángzhōu 杭州	Hangzhou	20
hángbān 航班	Flug	23
hǎo 好	gut; sehr; fertig; in Ordnung	4
(xǐ) hǎo (洗)好	fertig (gewaschen) sein	9
hǎo chī 好吃	gut schmecken; köstlich	18
hǎohàn 好汉	guter Kerl	15
hǎohāor 好好儿	gründlich	17
hǎokàn 好看	hübsch; gutaussehend; nett	10
hǎojiǔ 好久	lange; lange Zeit	20
... hǎo ma? 好吗?	Wie wäre es mit ... ?	11
hǎotiānr 好天儿	gutes Wetter	11
hǎowánr 好玩儿	interessant; unterhaltsam	11
hǎoxiàng 好象	scheinen; gleich wie	14
hǎo zǒu 好走	sich gut laufen lassen	15
hào 号	Nummer; Platz	2
hē喝	trinken	1

hē 嗬	oh	23
hé 河	Fluss	AS
héliú河流	Fluss	L1
hébìng 合并	zusammenlegen	L2
héshì 合适	passend; angebracht	10
hé 和	und	4
hé ... chàbùduō 和...差不多	fast gleich wie ...	13
hé ... yíyàng 和...一样	genauso ... wie	15
hépíng 和平	Frieden	L1
hēi 黑	schwarz	9
hěn 很	sehr	1
hèn 恨	hassen; Hass	GA
hóng 红	rot	8
hóngchá 红茶	schwarzer Tee	19
hóngzǎo 红枣	chinesische Dattel	18
hòu 厚	dick	GA
hòujīshì 候机室	Wartesaal	24
hòu 后	nach; danach; hinten	L8
hòudài 后代	Nachkommen; Nachkommenschaft	L5
hòulái 后来	später	19
hòutiān 后天	übermorgen	23
hòuzhě 后者	der (die, das) letztere	L6
hú 壶	Kanne	L10
hú 湖	See	AS
Húnán湖南	Hunan (Name einer chines. Provinz)	L3
hùzhào护照	Reisepass	3
hùxiāng互相	einander	14

huā 花 Blume; Blüte AS
huāchá 花茶 Jasmintee 19
huāpíng 花瓶 Vase 23
huà 画 malen; zeichnen L10
huà shé tiān zú 画蛇添足 Überflüssiges tun; Holz in den Wald tragen L10
huà 话 Wort L8
huàyàn 化验 von einem medizinischen Labor untersuchen 17
huái 淮 Huai (bezogen auf die Kochschule Yangzhou) L3
huài 坏 schlecht GA
huānhū quèyuè 欢呼雀跃 aus Freude jauchzen und hüpfen L7
huānyíng 欢迎 begrüßen; willkommen heißen 9
huànchéng 换成 umtauschen in 10
huànchéng 换乘 umsteigen 7
huàn (qián) 换(钱) (Geld) wechseln 3
Huáng 黄 Huang (Familienname) L5
Huánghé 黄河 Huanghe (der Gelbe Fluss) L1
huánghuáng bùān 惶惶不安 bestürzt und ängstlich; besorgt L7
huīfù 恢复 wiederherstellen 17
huí 回 Zählwort für Ereignisse 21
huí jiā 回家 nach Hause gehen 18
huílái 回来 zurückkommen 5
huíqù 回去 zurückgehen 24
huì 会 können; mögen; möglich sein; werden; bereit sein 1
huódòng活动 Veranstaltung; Tätigkeit 18
huǒduī火堆 Feuer; Lagerfeuer L7
huǒguāng火光 Feuerschein L7

huǒtuǐ 火腿 Schinken 18
huò 或 oder L2
huòzhě 或者 oder 7

J

jīchǎng 机场 Flughafen 23
jī 鸡 Huhn L8
jízhōng 集中 konzentriert L5
jí 极 außerordentlich 4
jíxìngzi 急性子 ungeduldiger Typ 24
jí kě 即可 möglich sein (unter bestimmten Voraussetzungen) L2
jǐ 几 wie viel; welche; einige 2
jǐ dù 几度 etliche L6
jǐ gè 几个 einige 16
jìyì 技艺 Kunstfertigkeit; Fähigkeit L3
jì (xìn) 寄(信) (Brief) schicken 6
jìdiàn 祭奠 gedenken L4
jì ... yòu ... 既…又… sowohl ... als auch 19
jìzǎi 记载 eintragen; aufzeichnen L5
jìrì 忌日 Todestag L9
jìniàn 纪念 andenken; Andenken 23
jìniànpǐn 纪念品 Souvenir; Erinnerungsstück 20
jìniàn yóupiào 纪念邮票 Sonderbriefmarke 6
jiā 家 Familie; Zuhause; Wohnung 11
jiājiā 家家 jeder Haushalt; alle Familien 18
jiājiā hùhù 家家户户 jeder Haushalt; alle Familien L7

jiātíng jiàoshī	家庭教师	Privatlehrer	L8
jiāxiāng	家乡	Heimatort; Heimat	13
jiāzú	家族	Familie; Clan; Sippe	L5
jiā	加	hinzufügen; zusätzlich	L6
jiā shàng	加上	hinzufügen	L3
jiā zhù	加注	hinzufügen	L8
jiǎnchá	检查	untersuchen	17
jiàn	见	sehen	17
jiàn	件	Stück *(Zählwort)*	10
jiànkāng	健康	Gesundheit; gesund	12
jiànshè	建设	aufbauen	L1
jiànyì	建议	vorschlagen	L9
jiāng	江	Fluss	L9
jiāngmǐ	江米	Klebreis	18
jiāo (qián)	交(钱)	(Geld) zahlen	9
jiāoqián	交钱	zahlen	10
jiǎo	角	Jiao (10 Jiao = ein Yuan)	6
jiǎozi	饺子	Jiaozi (chinesische Ravioli)	4
jiǎo	脚	Fuß	L10
jiào	较	verhältnismäßig; relativ	L
jiào	叫	nennen; heißen	15
jiàozuò	叫做	heißen	14
jiàoxun	教训	belehren; zurechtweisen	L12
jiéguǒ	结果	schließlich; letzten Endes	L8
jiémù	节目	Programm; Vorführung	L12
jiémùdān	节目单	Programmheft	22
jiéqìng rì	节庆日	Feier- und Festtag	L4

jiérì 节日	Fest; Festtag	14
jiérì yúkuài 节日愉快	fröhliches Fest	12
jiěkě 解渴	den Durst stillen, löschen	19
jīntiān 今天	heute	5
jǐn 仅	nur	L3
jǐn 紧	(Zeit) knapp; kurz	20
jìn 进	hineingehen	GA
jìnlái 进来	hereinkommen	GA
jìnqù 进去	hineingehen	15
jìn 近	nah; annähernd	7
jìnkuài 尽快	schnell wie möglich	L1
jīngjù 京剧	Pekingoper	22
jīngzhàn 精湛	vortrefflich; vorzüglich	L3
jīngcháng 经常	häufig; öfter	13
jīngjì 经济	Wirtschaft	L1
jīngguò 经过	durchfahren	20
jīnglì 经历	erleben; durchmachen	L6
jǐngsè 景色	Szenerie; Landschaftsbilder	20
jǐngtàilán 景泰蓝	Cloisonné	23
jiǔ 酒	alkoholische Getränke; Spirituosen	L10
jiǔ 九 (9)	neun	2
jiǔshí 九十 (90)	neunzig	5
jiǔshíwǔ 九十五(95)	fünf und neunzig	3
jiǔyuè 九月	September; der neunte Monat (Mondkalender)	5
jiù 就	dann; gleich; schon	7
jiùcān 就餐	Mahlzeit einnehmen	L3
jiùshì 就是	das heißt	L4

jiùshì shuō 就是说 das heißt; das bedeutet 15
jū 居 (an einer bestimmten Stelle) stehen L1
júzi 桔子 Mandarine 8
jǔsàng 沮丧 deprimiert L11
jù 句 Satz L8
jù 据 laut; zufolge L5
juédà duōshù 绝大多数 die Meisten; die überwältigende Mehrhei L5
jūnxián 军衔 militärischer Rang L6

K

kāfēi 咖啡 Kaffee 1
kāi 开 öffnen; an GA
kāi(chē) 开(车) fahren; chauffieren 11
kāishǐ 开始 beginnen; anfangen 12
kāiyǎn 开演 Beginn mit einer Vorstellung, Filmvorführung usw. 22
kàn 看 sehen; gucken; lesen; merken 9
kàn(bìng) 看(病) einen Arzt aufsuchen; sich untersuchen lassen 17
kàndǒng 看懂 verstehen (durch Lesen oder Beobachten) L2
kànjiàn 看见 sehen 20
kànlái 看来 es scheint; anscheinend; dem Anschein nach L2
kǎoyā 烤鸭 Bratente; Beijing-Ente L12
Kēlóng 科隆 Köln 6
kě 可 können; sehr; aber 3
kěbúshì 可不是 eben; genau; aber ja 13
kěkǒu kělè 可口可乐 Coca Cola 4

kěnéng 可能 können; wahrscheinlich; vielleicht 9
kěshì 可是 aber L8
kěxī 可惜 schade; leider; bedauerlich 20
kěyǐ 可以 können; möglich sein; es geht; nicht schlecht;akzeptabel; dürfen 7
kè 客 Gast; Besucher L8
kèqi 客气 höflich 12
kèren 客人 Gast, Besucher L11
(yí) kè (一)刻 (ein) Viertel (Stunde) 5
kōngzhōng xiǎojie 空中小姐 Stewardess L6
kǒngpà 恐怕 ich denke, dass...; wahrscheinlich 24
kùzi 裤子 Hose 9
kuài 快 bald; gleich; schnell; fast; beinahe 14
kuàilè 快乐 fröhlich; Freude 16
kuài 块 Yuan; Stück*(Zählwort)* 3
kuàizì 筷子 Essstäbchen L3
kuān 宽 breit GA
kuàngquánshuǐ 矿泉水 Mineralwasser 4

L

là 辣 scharf 4
lái 来 kommen; kaufen; nehmen 5
láifǎng 来访 Besuch 21
láihuí 来回 hin und zurück 15
láilì 来历 Herkunft; Ursprung L7
lǎo 老 alt; stets; immer; oft 13

lǎo dàmā 老大妈 höfliche Anredeform zu einer älteren Dame L6
lǎo dàye 老大爷 höfliche Anredeform zu einem älteren Mann L6
lǎogǔdǒng 老古董 Antiquität 23
lǎorén 老人 Alte(er); Greis 16
lǎoshào 老少 alt und jung L3
lǎoshī 老师 Lehrer L8
lǎotóur 老头儿 älterer Mann; Greis 16
lǎoxiōng 老兄 mein Lieber 7
le 了 *Finalpartikel* 2
lěng 冷 kalt 13
lěngyǐn 冷饮 Kaltgetränke 19
lí 离 entfernt von ... sein 15
lí 梨 Birne 21
lǐwù 礼物 Geschenk 16
Lǐ 李 Li (Familienname) L5
lǐ 里 in 14
lǐbian 里边 innen; innerhalb 18
lìhài 厉害 stark 17
lìwài 例外 Ausnahme L3
lìshǐ 历史 Geschichte 6
liǎn 脸 Gesicht 22
liǎnpǔ 脸谱 Gesichtsmaske 22
liángkuài 凉快 kühl 13
liáng xuèyā 量血压 Blutdruck messen 17
liángshi 粮食 Getreide L3
liǎng 两 zwei 4
liàng 亮 hell 21

liè 劣 minderwertig GA
líng 零(0) Null 5
liū yúpiàn 熘鱼片 sautiertes Fischfilet 4
Liú 刘 Liu (Familienname) L5
liú 流 fließen L1
liú 留 aufhalten; behalten L8
liúbù 留步 sich den Weg sparen 12
liúke 留客 einen Gast zurückhalten L8
liúxià 留下 zurückbleiben L11
liù 六 (6) sechs 2
liùshí 六十(60) sechzig 5
liùyuè 六月 Juni; der sechste Monat (Mondkalender) 5
lóng 龙 Drache L9
lóngdēng 龙灯 Drachenlaterne 14
lóngwáng 龙王 Drachenkönig L9
lóngzhòng 隆重 feierlich 14
lóushàng 楼上 oben (im Haus) 10
lúsēnbǎorén 卢森堡人 Luxemburger(in) 1
lǔ 鲁 Lu (Beiname der Provinz Shandong) L3
lù 路 Weg; Straße; (Bus) Linie 7
lǚxíng 旅行 reisen; Reise 5
lǚyóu 旅游 reisen; Reise 13
lǜchá 绿茶 grüner Tee 19
luàntào 乱套 in Unordnung geraten; völlig durcheinander sein L12
luòxià 落下 fallen L4

M

máfan 麻烦	belästigen; stören	7
mǎlù 马路	Straße	7
ma 吗	*Fragepartikel*	1
ma 嘛	*Finalpartikel für eine klar erkennende Aussage*	15
mǎi 买	kaufen; Kauf	6
mài 卖	verkaufen; Verkauf	8
màn 慢	langsam	GA
mànxìngzi 慢性子	geduldiger Mensch	24
mànzǒu 慢走	Höflichkeitsfloskel: gut nach Hause	12
máo 毛	Mao (= Jiao, 10 Mao = ein Yuan)	6
máotái 茅台	Maotai-Schnaps	L12
méi 没	nicht	20
méi guānxì 没关系	Das macht nichts	1
méi shénme 没什么	keine Ursache	7
méi wènti 没问题	kein Problem	9
méiyǒu 没有	nicht haben; es gibt nicht	4
měi 美	schön	15
měihǎo 美好	wunderschön; vorzüglich; blendend	L1
měishí 美食	Delikatesse; Leckerbissen	L9
měi 每	jeder	17
měiféng 每逢	jedesmal wenn	L9
měi rén 每人	jeder	L10
měi tiān 每天	jeden Tag	17
mén 门	Tür	L7
ménkǒur 门口儿	Eingang	14
men 们	*Suffix zur Bildung des Plurals von Personen*	14
mèngjiàn 梦见	träumen von	L9

mǐfàn 米饭 Reis 4
mìshū 秘书 Sekretär(in) 1
miǎnqù 免去 ohne; befreien von L6
miànjī 面积 Fläche L1
miàntiáor 面条儿 Nudel 16
míng 名 Name; Vorname L5
míngshèng gǔjī 名胜古迹 Sehenswürdigkeiten 15
míngtiān 明天 morgen 11
míngtiān jiàn 明天见 bis morgen 11
míngxìnpiàn 明信片 Ansichtskarte 6
mòlìhuā 茉莉花 Jasmin; Jasminblüten 19
mǔqīn 母亲 Mutter 23
mùbǎn 木板 Holzbrett L7
mùyù chūn guāng 沐浴春光 Frühlingssonne genießen L4

N

ná 拿 nehmen; halten 14
nádào 拿到 bekommen 23
nálái 拿来 hernehmen 10
náshǒucài 拿手菜 Meisterspeise 16
názǒu 拿走 fortnehmen GA
nǎli 哪里 wo; Höflichkeitsfloskel: Keine Ursache! Gern geschehen! (auf Dank hin); Ach woher! Keinesfalls! (auf Komplimente) 12
nǎr 哪儿 wo 2
nǎr de huà 哪儿的话 woher denn 23

nă tiān 哪天	welcher Tag	5
năxiē 哪些	welche	20
nà 那	jener; dann; nun; also	5
nàbiān 那边	dort	10
nàr 那儿	dort	7
nà hái yòng shuō 那还用说	Das ist ja selbstverständlich	15
nàme 那么	also	20
nàxiē 那些	jene	L11
nán 男	Mann; männlich	GA
nánxìng 男性	männliches Geschlecht; Mann	L5
nánfāng 南方	Süden	13
nán 难	schwer; schwierig	GA
nán xué 难学	schwer zu lernen	L2
nào 闹	lärmen; Krach machen	L7
ne 呢	*Fragepartikel; Schlusspartikel*	12
nèi 内	innen	GA
nèiróng 内容	Inhalt	L8
néng 能	können	9
ní 泥	Ton; Schlamm	AS
nírén 泥人	Tonfigur	23
nĭ 你	du	11
nĭmen 你们	ihr	11
nián 年	Jahr; Name eines Fabeltiers	L1
niánqīng rén 年轻人	Jugendliche(r)	L6
niányèfàn年夜饭	Silvester Essen	14
niánzhăng年长	bejahrt	L6
nín 您	Sie	1

nínmen 您们 Sie 5
nónglì 农历 Mondkalender 18
nóng 浓 stark; würzig 19
nóngyù 浓郁 stark duftend GA
nòngde 弄得 bewirken, dass; schuld daran sein, dass L7
nuănhé 暖和 warm 13
nǚ 女 Frau; weiblich GA
nǚshì 女士 Frau; Dame L6

O

ōuyuán 欧元 Euro 3

P

pá 爬 klettern 15
páshān 爬山 auf Berge klettern 11
pà 怕 fürchten 24
pái 排 Reihe 22
páijĭ 排挤 verdrängen; mobben L9
pán 盘 Teller; *Zählwort* L8
pánzi 盘子 Teller 21
pángbiān 旁边 an der Seite; neben; an 19
pàng 胖 dick 17
pèijué 配角 Nebenrolle; unbedeutende Rolle L3
pēngrèn 烹饪 Kochen L3
péngyou 朋友 Freund(in) 1

píjiǔ 啤酒 Bier 4

pí 皮 Leder; Pelz 10

pídàyī 皮大衣 Pelzmantel 10

piányì 便宜 billig; preiswert 8

piào 票 Karte; Ticket 22

pǐncháng 品尝 probieren; abschmecken; kosten 18

pǐnzhǒng 品种 Sorte 18

píng 瓶 Flasche 4

píngshí 平时 alltäglich; gewöhnlich; sonst 19

píngtǎn 平坦 eben; flach L1

pòhài 迫害 verfolgen; Verfolgung L9

pútáo 葡萄 Traube 21

Q

qī 七 (7) sieben 2

qīshí 七十 (70) siebzig 5

qīyuè 七月 Juni; der siebente Monat (Mondkalender) 5

qīzi 妻子 Frau; Ehefrau 1

qí 其 sein; ihr; dessen L6

qízhōng 其中 darunter; darin L2

qí(chē; mǎ) 骑(车；马) fahren (mit dem Fahrrad); reiten (auf dem Pferd) 11

qǐlái 起来 aufstehen; *steht hinter einem Verb und bezeichnet den Anfang und die Fortführung einer Handlung* L6

qǐshēn 起身 aufstehen L11

qǐyuán yú 起源于 entspringen; stammen von L2

qì zǒu 气走 jmdn verärgern so, dass er geht L11
qìchē 汽车 Auto; Kraftfahrzeug 15
qìchē zhàn 汽车站 Bushaltestelle 7
qiàdàng 恰当 passend; geeignet; treffend L10
qiānzì 签字 unterschreiben 3
qiān千 (1000) tausend 3
qián 前 vorn GA
qiánbianr 前边儿 vorne 19
qiánlái 前来 kommen L11
qián 钱 Geld 3
(yánsè; shuǐ) qiǎn (颜色; 水)浅 (Farbe) hell; (Wasser) seicht; flach 10
qiáng 强 stark GA
qiāo luó dǎ gu 敲锣打鼓 Gongs und Trommeln schlagen L7
qiāoqiāo dǎdǎ 敲敲打打 großen Lärm machen L7
qiézhī dàxiā 茄汁大虾 Garnelen in Tomatensoße 4
qīnqi 亲戚 Verwandte(r) L8
qínláo 勤劳 Fleiß; fleißig L1
qíncài ròusī 芹菜肉丝 Fleischstreifen mit Sellerie 4
qīngcài 青菜 grünes Gemüse L8
qīngjiāo ròudīng 青椒肉丁 Fleischwürfel mit Paprikaschoten 4
qīngchén 清晨 am frühen Morgen L7
qīngdàn 清淡 nicht stark gewürzt; leicht gewürzt 10
qīngmíngjié 清明节 Totenfest L4
qīngxiāng wèir 清香味儿 erfrischender Geschmack 19
qīng 轻 leicht GA
qíngyuàn 情愿 bereitwillig sein L8

qǐng 请	bitten; bitte; einladen	1
(pìn)qǐng (聘)请	engagieren; anstallen	L8
qǐngkè 请客	jmdn einladen; Gäste haben; stiften	L11
qǐng wèn 请问	Gestatten Sie eine Frage	2
qǐngkè jiān 顷刻间	im Nu	L8
qìngzhù 庆祝	feiern	L4
qióng 穷	arm	L8
qiūjì 秋季	Herbst	21
qiūtiān 秋天	Herbst	13
qǔ 取	abholen	9
qǔlái 取来	herholen	GA
qǔyīdān 取衣单	Abholzettel	9
qǔzǒu 取走	abnehmen	GA
qù 去	gehen	3
qù lǚxíng 去旅行	auf Reisen gehen	2
qùnián 去年	letztes Jahr	13
quāndiǎn 圈点	interpunktieren	L8
quán 全	all; ganz	12
quánguó 全国	das ganze Land	L1
quán jiā 全家	die ganze Familie	12
què 却	aber; dennoch	24

R

ránfàng 燃放	abbrennen	14
ràng 让	lassen	16
ràng ... gāoxìng 让…高兴	freuen; Freude bereiten	21

rě 惹	hervorrufen; Unannehmlichkeiten bereiten; verärgern	L11
rè 热	heiß	13
rèài 热爱	lieben	L1
rènào 热闹	belebt	14
rèqíng 热情	herzlich	12
rén 人	Mensch; Person	L6
rénjiā 人家	Familie	14
rénkǒu 人口	Bevölkerung	L5
rénmen 人们	man; Leute	15
rénmín 人民	Volk	L1
rénmínbì 人民币	Renminbi (Währung in China)	3
rènshi 认识	kennen lernen; kennen	1
rì 日	Tag; tagsüber	5
rìcháng shēnghuó 日常生活	Alltagsleben	L2
rìqī 日期	Datum	5
róngyì 容易	leicht; einfach	15
róu 柔	sanft; geschmeidig	GA
ròu 肉	Fleisch	18
ròushí 肉食	Fleischspeise; Fleischgericht	L3
rú 如	zum Beispiel (z. B.)	6
rúguǒ 如果	falls, wenn	11
rújīn 如今	jetzt; gegenwärtig; heutzutage	L6
ruǎn 软	weich; nachgebend	GA
ruìshìrén 瑞士人	Schweizer(in)	1
ruò 弱	schwach	GA

S

sàilóngzhōu 赛龙舟	Drachenbootrennen	18
sān 三 (3)	drei	2
sānbǎi 三百(300)	drei hundert	5
„Sān Chàkǒu“ “三岔口”	„Das Wirthaus amScheideweg“	22
sānshí 三十(30)	dreißig	5
sānshíwǔ 三十五(35)	fünf und dreißig	6
sānxiá 三峡	Drei Schluchten	20
sānyuè 三月	März; der dritte Monat (Mondkalender)	5
shān 山	Berg, Hügel	11
shānfēng 山峰	Berggipfel	L1
shǎng yuè 赏月	zum Vollmond aufschauen	21
shàng 上	oben; besteigen; hinaufsteigen	11
shàngchéng 上乘	ausgezeichnet; fabelhaft	L3
Shànghǎi 上海	Shanghai	20
shànglái 上来	heraufkommen	GA
shàngmian 上面	oben; oberhalb	GA
shàngqù 上去	hinaufgehen	GA
shàng (xué) 上(学)	(Schule) besuchen	6
shàngwǔ 上午	Vormittag	5
shāo 稍	ein wenig; ein bisschen; etwas	2
shǎo 少	wenig; gering	GA
shǎoshù mínzú 少数民族	nationale Minderheit	L5
shé 蛇	Schlange	L10
(yánsè; shuǐ) shēn (颜色; 水)深	(Farbe) dunkel; (Wasser) tief	GA
shēntǐ 身体	Körper; Gesundheit	6
shénme 什么	was; was für (ein)	3

shénme de 什么的 dergleichen; und so weiter; und anderes mehr 14
shénme shíhou 什么时候 wann 5
shénme yàngr 什么样儿 was für ein 10
shèn yòng 慎用 vorsichtig anzuwenden sein L6
shēngrì 生日 Geburtstag 16
shènglì 胜利 Sieg; Triumph L7
shèngdà 盛大 feierlich, großartig L4
shèngxià 剩下 übriggeblieben sein L11
shīrùn 湿润 feucht GA
shīrén 诗人 Dichter L9
shí 十 (10) zehn 3
shíbā 十八(18) achtzehn 5
shídù 十渡 Shidu — ein schönes Ausflugsziel 15
shíèr 十二(12) zwölf 5
shíèryuè 十二月 Dezember; der zwölfte Monat (Mondkalender) 5
shí 时 Zeit; Zeitpunkt; Moment L8
shícháng 时常 oft; häufig L11
shídài 时代 Zeit; Zeitalter L6
shíhou 时候 Zeit; Zeitpunkt; Moment 5
shíjī 时机 gute Gelegenheit L4
shíjiān 时间 Zeit 5
shíxīng 时兴 in Mode sein L6
shíjiǔ 十九(19) neunzehn 5
shíliù 十六(16) sechzehn 5
shíqī 十七(17) siebzehn 5
shísān 十三(13) dreizehn 5

shísānlíng 十三陵	Ming-Gräber	15
shísì 十四 (14)	vierzehn	5
shíwǔ 十五 (15)	fünfzehn; der fünfzehnte Tag	5
shíyī 十一 (11)	elf	5
shíyīyuè 十一月	November; der elfte Monat (Mondkalender)	5
shíyuè 十月	Oktober; der zehnte Monat (Mondkalender)	5
shípǐn 食品	Esswaren; Lebensmittel	8
shípǔ 食谱	Kochrezept; Palette der Lebensmittel	L3
shǐyòng 使用	benutzen; gebrauchen	L3
shǐ 始	Anfang	GA
shèngdànjié 圣诞节	Weihnachten	24
shìnèi 市内	Innenstadt; City	15
shì 试	anprobieren	10
shìbiǎo 试表	jmds Temperatur (Fieber) messen	17
shìshi 试试	probieren	L12
shìjiè 世界	Welt	L1
shìjiè gè guó 世界各国	alle Länder der Welt	L4
shì 事	Sache	21
shìqing 事情	Sache; Angelegenheit; Ding	L10
shìxiān 事先	vorher; zuvor	L8
shì 是	sein	1
shì bú shì 是不是	ist es so, dass ...	20
shìfǒu 是否	ob ...	L9
shìyòng yú 适用于	zu ... brauchbar od. zweckmäßig sein	L6
shōushi 收拾	in Ordnung bringen; ordnen	23
shǒuyè守夜	Nachtwache halten	L7
shǒu手	Hand	14

shǒutí wùpǐn 手提物品	Handgepäck	24
shǒutíxiāng 手提箱	Handkoffer	24
shǒuxù 手续	Formalität	23
shòuxing 寿星	Gott der Langlebigkeit	16
shòudào 受到	ertragen; erleiden	L3
shòu 瘦	eng; mager	10
shū 书	Buch	23
shūshēng 书生	Buchgelehrte(r)	L8
shūxiě 书写	schreiben	L2
shūcài 蔬菜	Gemüse	L3
shǔyú 属于	gehören; zu ... zählen	L11
shuāng 双	zwei; beide; Doppel	L2
shuí 谁	wer	2
shuǐ 水	Wasser; Fluss	15
shuǐyāndài 水烟袋	Wasserpfeife	23
shuǐzú 水族	Wassertiere	L9
shuìjiào 睡觉	schlafen	L7
shuō 说	sprechen	12
shuōcuò 说错	versprechen	L12
shuōhǎo 说好	abmachen; vereinbaren	L8
shuōhuà 说话	sprechen; reden; sich unterhalten	23
shuō xiàngsheng 说相声	komischen Dialog vorführen	L12
sì 四 (4)	vier	2
sìshí 四十(40)	vierzig	6
sìyuè 四月	April; der vierte Monat (Mondkalender)	5
sōng 松	locker	GA
sòng 送	bringen; geben; schenken; begleiten	23

sòng (lái) 送(来) (her)bringen 9

sòng gěi 送给 jmdm ... schenken 16

sòng kè 送客 sich von einem Gast verabschieden L8

Sūzhōu 苏州 Suzhou 20

suān 酸 sauer 8

suàn 算 gelten als L4

suīrán 虽然 zwar; obwohl L8

suíhòu 随后 nachher; später; darauf L4

suíkǒu 随口 unüberlegt oder gedankenlos daherreden; mit ... unbesonnen herausplatzen L11

suízhe 随着 mit; in Übereinstimmung mit L6

suǒyǐ 所以 deshalb 21

suǒyǒu 所有 alle 23

T

tā 他 er 2

tāmen 他们 sie L11

tā 她 sie 1

tā 它 es 15

tài 太 zu; sehr 8

Táiwān dǎo 台湾岛 Insel Taiwan L1

tán 谈 sprechen; reden 13

táoqì 淘气 unartig; frech; lausbübisch L12

tǎoyàn 讨厌 Abneigung empfinden GA

tào 套 Set; Satz *(Zählwort für Zusammengehöriges)* 6

tèbié 特别 speziell; besonders 19

tèdiǎn 特点 Besonderheit; Merkmal L3
téng 疼 schmerzen; Schmerz 17
tì 替 für; in jmds. Namen; ersetzen 17
tiān 天 Himmel; Wetter; Tag 20
tiānqì 天气 Wetter 13
tiāntáng 天堂 Paradies 20
tiān 添 hinzufügen; ergänzen L10
tián 甜 süß 8
tiáo 条 Stück *(Zählwort für Hose, Halstuch, Straße, Weg...)* 9
tiē 贴 kleben; frankieren 6
tiē yóupiào 贴邮票 frankieren 6
tīng 听 hören 22
tīng bù dǒng 听不懂 nicht verstehen (durch Hören) 22
tīngdǒng 听懂 verstehen (durch Hören) 22
tīngshuō 听说 sagen hören; vom Hörensagen wissen 13
tíngzhǐ 停止 einstellen; stoppen 24
tōng 通 durch; frei; offen; durchgehend; nicht verstopft AS
tōngxiāo 通宵 die ganze Nacht L7
tóngshì 同事 Kollege 1
tóngyì 同意 einverstanden sein; zustimmen L8
tóng 铜 Bronze; Kupfer AS
tǒngjì 统计 Statistik L2
tǒng 桶 Eimer; Fass; Tonne AS
tòng 痛 Schmerz; Weh AS
tóuxián 头衔 Titel; Rang L6
tóu 投 werfen; schleudern; einwerfen L9
tóu jiāng zìjìn 投江自尽 in einen Fluss hineinspringen,

um Selbstmord zu begehen L9
tòushì 透视 röntgen 17
tū fēi měng jìn 突飞猛进 rasant voranschreiten L1
túhuà 图画 Bild; Zeichnung L2
tǔdòu 土豆 Kartoffel 8
Tǔlǔfān péndì 吐鲁番盆地 Turpan-Becken L1
tuányuán 团圆 Zusammensein; Zusammenkommen; Familientreffen 21
tuányuánfàn 团圆饭 Essen bei Familientreffen 14
tuányuán jié 团圆节 Fest des Familientreffens 21
tuī huíqù 推回去 zurückschieben L8
tuō mèng 托梦 jmdm im Traum erscheinen und eine Bitte äußern L9
tuōyùn 托运 zur Beförderung aufgeben; abtransportieren lassen 23

W

wài 外 außen GA
wàibian 外边 außen GA
wàimian 外面 draußen L8
wán 完 fertig 14
wánr 玩儿 spielen; sich amüsieren 12
wǎn 晚 spät 12
wǎnhuì 晚会 Abendveranstaltung 12
wǎnshang 晚上 Abend 12
wàn 万 zehntausend L2

Wáng 王	Wang (Familienname)	L5
wǎng 往	nach	6
wàng 忘	vergessen	9
wéi 为	sein	L2
wéijīn 围巾	Schal	10
wéimù 帷幕	Vorhang	L4
wěidà 伟大	groß; großartig	L9
wèi 为	für; auf	12
wèile 为了	um ... willen; wegen; für	L9
wèishénme 为什么	warum; weshalb	11
wèidao 味道	Geschmack	4
wèi 喂	hallo	2
wèi 位	*Zählwort für Personen*	1
wèiyú 位于	sich befinden; liegen	L1
wénmíng 闻名	bekannt	L1
wénhuà 文化	Kultur	L1
wénzì 文字	Schrift; Schriftzeichen	L2
wèn 问	fragen (nach)	7
wènhòu 问候	grüßen; Gruß	17
wèntí 问题	Problem; Frage	9
wǒ 我	ich	1
wǒmen 我们	wir	3
wúguǐ diànchē 无轨电车	Trolleybus	7
Wúxī 无锡	Wuxi	23
wúxiàn 无限	grenzenlos; unermesslich	L1
Wú 吴	Wu (Familienname)	L5
Wǔhàn 武汉	Wuhan	20

wǔ 舞 spielen; tanzen 14

wǔ 五 (5) fünf 2

wǔshí 五十(50) fünfzig 3

wǔshíwǔ 五十五(55) fünf und fünfzig 5

wǔ yī guójì láodòng jié 五一国际劳动节 Internationaler Tag der Arbeit (1. Mai) L4

wǔyuè 五月 Mai; der fünfte Monat (Mondkalender) 18

wǔfàn 午饭 Mittagessen 11

X

xī 西 Westen; West L1

Xī´ān 西安 Xi´an 20

xībù 西部 Westen L1

xīfú 西服 Anzug 9

xīhóngshì 西红柿 Tomate 8

xíguàn 习惯 Gebräuche; Gewohnheit; gewohnt sein; sich an ... gewöhnen 13

xísú 习俗 Brauch; Sitten; Gebräuche L9

xǐài 喜爱 eine Vorliebe haben; gern haben; lieben L3

xǐhuan 喜欢 mögen; gern haben 6

Xǐmǎlāyǎ shān 喜马拉雅山 Himalaya L1

xǐ 洗 waschen 9

xǐdiào 洗掉 abwaschen 9

xǐyī diàn 洗衣店 Reinigung; Wäscherei 9

xì 系 Schule; Untergruppe L3

xì 戏 Oper; Opernstück 22

xìpiào戏票 Opernkarte 22
xì细 dünn und schmal GA
xià下 unten; nächst; heruntergehen; absteigen 3
xiàchē 下车 aussteigen 7
xiàlái 下来 herunterkommen; herabsteigen 15
xiàmian 下面 unten; unterhalb GA
xià qǐ dàyǔ lái 下起大雨来 es beginnt in Strömen zu regnen L8
xiàqù 下去 hinuntergehen GA
xiàwǔ 下午 Nachmittag 5
xiàxuě 下雪 schneien 13
xiàyǔ 下雨 regnen 11
xiàtiān 夏天 Sommer 13
xià 吓 erschrecken; schrecken; einschüchtern L7
xiān 先 zuerst 7
xiānsheng 先生 Herr 2
xián 咸 salzig 18
xiànjīn 现今 heutzutage L5
xiànzài 现在 jetzt 5
xiànr 馅儿 Füllung 18
xiàn´é 限额 Limit L2
xiāng 香 duftend; wohlriechend 19
xiāngjiāo 香蕉 Banane 8
xiāngshān 香山 duftender Berg 11
xiāngwèir 香味儿 Duft 19
xiǎngyòng 享用 genießen; sich an ... erfreuen L3
xiǎngyǒu 享有 sich (eines Ansehens) erfeuen; genießen L3

xiǎng 想	möchten	3
xiǎngdào 想到	auf einen Gedanken kommen	L8
xiǎngsheng 响声	Geräusch	L7
xiàngsheng 相声	komischer Dialog	L12
xiàngxíng wénzì 象形文字	Bilderschrift; Piktographie	L2
xiàngzhēng 象征	Symbol; symbolisieren	21
xiǎo 小	klein	8
xiǎojie 小姐	Fräulein	L6
xiǎoshí 小时	Stunde	5
xiě 写	schreiben	6
xìexie 谢谢	danken; danke	1
xīn 新	neu	6
xīnnián 新年	Neujahr	12
xīnnián hǎo 新年好	glückliches neues Jahr	12
xīnnián kuàilè 新年快乐	prosit Neujahr	12
xīnnián wǎnhuì 新年晚会	Silvesterabendveranstaltung	12
xīnxiān 新鲜	frisch	8
xīnshǎng 欣赏	besichtigen; bewundern	20
xìn 信	Brief	6
xìnfēng 信封	Briefumschlag	6
xīngqī 星期	Woche	5
xīngqīèr 星期二	Dienstag	2
xīngqīliù 星期六	Samstag	2
xīngqīrì 星期日	Sonntag	2
xīngqīsān 星期三	Mittwoch	9
xīngqīsì 星期四	Donnerstag	2
xīngqīwǔ 星期五	Freitag	2

xīngqīyī 星期一 Montag 2
xíng 行 fähig; befähigt L12
xíngli 行李 Gepäck 23
xíngróng 形容 beschreiben; bezeichnen L10
xìng 姓 heißen; Familienname 1
xìngshì 姓氏 Name von der Familie bzw. Sippe L5
xiōngměng 凶猛 wild; ungestüm L7
xiūxi 休息 eine Rast machen 2
xǔduō 许多 viel L11
xué 学 lernen L2
xuéxí 学习 lernen; studieren 6
xuéwèi 学位 akademischer Rang L6

Y

yā 鸭 Ente L8
yá 牙 Zahn 17
yáchuáng 牙床 Zahnfleisch 17
yǎjù 哑剧 Pantomime 22
Yàzhōu 亚洲 Asien L1
yánsè 颜色 Farbe 9
yǎnyuán 演员 Darsteller 22
yángróng 羊绒 Kaschmir 10
yáng 阳 Yang; Sonne; Sonnenseite; positiv GA
Yáng 杨 Yang (Familienname) L5
yàngr 样儿 Form; Schnitt; Äußere 10
yàngzi 样子 Form; Schnitt; Äußere; Muster; Modell L9

yāo 一 (1) eins 2
yāoqǐng 邀请 Einladung L11
yào 药 Medizin; Arznei; Medikament 17
yào 要 wollen; möchten; müssen; sollen; werden 2
yě 也 auch 1
yěshòu 野兽 wildes Tier; Bestie L7
yè 夜 Nacht L7
yèlǐ 夜里 nachts; in der Nacht L7
yèwǎn 夜晚 Abend 21
yèzi 叶子 Blatt 11
yīfu 衣服 Kleidung 10
yī (auch: yí und yì) 一 (1) eins 2
yìbǎi 一百(100) hundert 5
yìbǎilíngèr 一百零二(102) hundert zwei 5
yìbǎilíngyī 一百零一(101) hundert eins 5
yìbǎièrshí 一百二十(120) hundert zwanzig 5
yìbǎisānshí 一百三十(130) hundert dreißig 5
yìbǎiyīshí 一百一十(110) hundert zehn 5
yìdiǎnr 一点儿 ein bisschen 10
yídìng 一定 unbedingt; bestimmt 15
yídù 一度 eine Zeit lang; einmal L6
yígòng 一共 insgesamt 6
yìhuǐr 一会儿 einen Moment 2
yìhuǐr jiàn! 一会儿见! Bis dann!; Bis nachher! 24
yìjiā 一家 die ganze Familie AS
yìjiārén 一家人 die ganze Familie 14
yíke 一刻 ein Viertel 5

yì nián 一年	ein Jahr	L4
yìqǐ 一起	zusammen	3
yì tiān 一天	eine Tages	L11
yì tīng 一听	sobald man es hört	L11
yíxìliè 一系列	eine Reihe von	L4
yì xiǎng 一想	kurz überlegen	L11
yí xià 一下	einmal	2
yìxiē 一些	eine Anzahl von; einige	18
yīyuè 一月	Januar	5
yìzhí (zǒu) 一直(走)	geradeaus (gehen)	7
yīyuàn 医院	Krankenhaus	17
yíhàn 遗憾	bedauern; jmdm leid tun	20
yí 移	verschieben; versetzen; bewegen	AS
yǐ 椅	Stuhl	AS
yǐhòu 以后	danach; nachher; später	5
yǐqián 以前	früher	17
yǐwéi 以为	meinen; denken; glauben	L9
yǐ ... wéi zhǔ 以...为主	... den Vorrang geben	L3
yǐ 已	bereits; schon	L5
yǐ hūn 已婚	verheiratet	L6
yǐjing 已经	schon; bereits	2
yìsi 意思	Bedeutung; Sinn; Inhalt	16
yì 易	leicht; nicht schwierig	GA
yì 亿	hundert Millionen	L5
yì 译	übersetzen	AS
yīn 音	Ton; Laut	L2
yīnyuè 音乐	Musik	23

yīncǐ 因此	deshalb; darum	L7
yīn(wéi) 因(为)	wegen; infolge; weil	L9
yīn 阴	Yin; Mond; bewölkt; Rückseite; negativ	GA
yínháng 银行	Bank	3
yǐn chá 饮茶	Tee trinken	L3
yǐnshí 饮食	Speise und Trank	L3
yǐnshí wénhuà 饮食文化	Esskultur	L3
yīng 应	sollen; müssen	L2
yīnggāi 应该	sollen; müssen	17
yìng 硬	hart; fest	GA
yǒnggǎn 勇敢	tapfer; mutig	L1
yòng 用	mit	3
yòng 用餐	Mahlzeit einnehmen	L3
yònglái 用来	womit; um ... zu	L10
yōu 优	vorzüglich	GA
yōujiǔ 悠久	alt; lang	L1
yóulǎn 游览	besichtigen; besuchen; Besichtigung	15
yóumù mínzú 游牧民族	Nomadenvolk	L3
yóu ... gòuchéng 由...构成	aus ... zusammensetzen	L2
yóu 油	Öl; Fettfleck	9
yóu 蚰	Spinnenläufer	AS
yóu 铀	Uran	AS
yóu 邮	schicken; senden	AS
yóujú 邮局	Post; Postamt	6
yóupiào 邮票	Briefmarke	6
yǒu 有	haben; es gibt	4
yǒude 有的	manche; einige	18

yǒudiǎnr 有点儿	ein bisschen (meist bei Unangenehmen)	10
yǒu kòngr 有空儿	wenn du Zeit hast	17
yǒulǐ 有理	recht haben; im Recht sein	L8
yǒuqù 有趣	interessant; lustig	16
yǒurén 有人	jemand	L9
yǒu yánjiū 有研究	gut kennen	19
yǒu yìsi 有意思	interessant sein	14
yǒuyì 友谊	Freundschaft	7
yǒuyì bīnguǎn 友谊宾馆	Freundschaftshotel	7
yòu 又	dann; wieder; doch	20
yòu ... yòu 又…又	sowohl ... als auch	8
yòu 右	rechts	GA
yòu 柚	Teakbaum	AS
yòu 釉	Glasur	AS
yúshì 于是	dann; daraufhin	L8
yú 与	und	L4
yúkuài 愉快	Freude; fröhlich; erfreulich	12
yú 鱼	Fisch	L8
yù 玉	Jade	AS
yù 遇	begegnen	17
yùshang 遇上	begegnen; konfrontieren	24
yuán 元	Yuan *(Einheit der chinesischen Währung)*	3
yuánxiāojié 元宵节	Laternenfest	L4
yuánliàng 原谅	entschuldigen; verzeihen	12
yuán 圆	rund	21
yuǎn 远	weit	7
yuǎnzú tàqīng 远足踏青	im Frühling ins Grüne wandern	L4

yuè 月 Monat 5

yuèbing 月饼 Mondkuchen 21

yuèliang 月亮 Mond 21

yuè lái yuè ... 越来越… immer mehr 19

yuè ... yuè ... 越…越… je ..., desto 19

yuè 粤 Yue (Beiname der Provinz Guangdong) L3

Z

zài 再 wieder; nochmals; ferner; außerdem 2

zàijiàn 再见 auf Wiedersehen 3

zài lái 再来 wieder kommen; von neuem anfangen 9

zài yě 再也 so ..., dass L7

zài 在 sein; in; auf; an 3

zàijiā 在家 zu Hause sein 7

zài ... shàng 在…上 auf 3

zàntóng 赞同 zustimmen; Zustimmung L10

zāng 脏 schmutzig 9

zǎonír 枣泥儿 Dattelpaste 18

zǎo 早 früh 11

zǎocān 早餐 Frühstück; frühstücken 2

zǎorì 早日 bald 17

zǎoshang 早上 Morgen; morgens; früh 11

zěnme 怎么 wie 7

zěnme bàn? 怎么办? was tun? 22

zěnme huí shì? 怎么回事? Was ist los? Was ist das für eine Sache? 21

zěnmeyàng 怎么样	wie	4
zhǎi 窄	schmal	GA
zhàn 站	stehen; Station; Haltestelle	23
zhànxiàn 占线	besetzt	2
zhànguó 战国	die Streitenden Reiche (475-211 v.u.Z.)	L9
zhāng 张	Exemplar; Blatt; gespannt	5
Zhāng 张	Zhang (Familienname)	L5
zhǎngwò 掌握	meistern; beherrschen	L2
zhàngfu 丈夫	Mann; Ehemann	1
zhāodài 招待	empfangen; Empfang; Aufnahme	12
zháojí 着急	sich aufregen; besorgt sein; hastig	24
zhǎo 找	suchen; ansprechen	2
zhǎodào 找到	finden	9
zhǎo (qián) 找(钱)	(Geld) herausgeben	6
zhǎo (língqián) 找(零钱)	(Kleingeld) herausgeben	8
Zhào 赵	Zhao (Familienname)	L5
Zhèjiāng 浙江	Zhejiang (Name einer chines. Provinz)	L3
zhè 这	dies, das	1
zhègè 这个	dies	L8
zhèlǐ 这里	hier	3
zhème 这么	solch	L12
zhèr 这儿	hier	9
shèshí 这时	zu dieser Zeit	L4
zhèyàng 这样	so ; solch	18
zhe 着	*Hilfspartikel*	23
zhēn 真	wirklich; wahrhaft	16
zhēn de 真的	wirklich; wahrhaft	17

zhèn tiān xiǎng 震天响	himmelstürmender Krach	L7
zhēngyuè 正月	der erste Monat nach dem Mondkalender	L4
zhèng 正	gerade; genau	10
zhèng fǎn huà 正反话	Wechsel von Subjekt und Objekt	L12
zhènghǎo 正好	gerade; gerade richtig	8
zhèngshì 正式	offiziell; amtlich	L6
zhèngjiàn 证件	Ausweis	3
zhī yī 之一	eines davon	L3
zhī 只	*Zählwort*	L10
zhījǐn 织锦	Brokat	23
zhīdao 知道	wissen	7
zhīmíng 知名	berühmt; bekannt	L3
zhīmíngdù 知名度	Bekanntheit; Bekanntheitsgrad	L3
zhíchēng 职称	Dienstbezeichnung	L6
zhíjiē 直接	direkt; unmittelbar	L6
zhíwùxìng shípǐn 植物性食品	pflanzliche Lebensmittel	L3
zhǐ 只	nur	12
zhǐyǒu 只有	nur; allein	L5
zhǐ 纸	Papier	L8
zhǐtiáo 纸条	Papierstreifen	L8
zhǐtiáor 纸条儿	Papierstreifen	14
zhǐ 指	gegen jmdn gerichtet sein	L11
zhōng 中	in; inmitten; Mitte	L1
zhōngbù 中部	Mitte	13
Zhōngguó 中国	China; chinesisch	4
zhōngguóhuà 中国话	Chinesisch	12
zhōngguórén 中国人	Chinese; Chinesin	14

zhōngjiān 中间 Mitte 21
zhōngqiū 中秋 Herbstmitte 21
zhōngqiūjié 中秋节 Mondfest 21
zhōngwǔ 中午 Mittag 5
zhōngyào 中药 chinesische Heilmittel 17
zhōng 终 Ende GA
zhǒng 种 Art; Sorte 8
zhǒng 肿 geschwollen sein; anschwellen 17
zhòng 重 schwer GA
zhòngdà 重大 bedeutend; wichtig L4
Zhōu 周 Zhou (Familienname) L5
Zhūmù lángmǎ fēng 珠穆朗玛峰 Qomolangma Feng L1
zhǔ 主 Gastgeber; hauptsächlich; primär AS
zhǔren 主人 Gastgeber 12
zhǔshí 主食 Hauptnahrung; Grundnahrung L3
zhǔyào 主要 hauptsächlich; Haupt... L1
zhùrù 注入 hineinfließen; münden L1
zhùyì 注意 achtgeben; sich in acht nehmen; beachten L11
zhù 住 wohnen 2
zhù xiàlai 住下来 übernachten; sich niederlassen L8
zhù 祝 wünschen 12
zhùhè 祝贺 gratulieren 16
zhuānxiū 专修 auf ... spezialisieren; studieren 6
zhuānzhù 专著 Monographie L5
zhuāngbàn chéng ... de yàngzi 装扮成…的样子 als ... schmücken (od. verstellen) L9
zhǔn 准 bestimmt; gewiß L11

zhuōzi 桌子 Tisch 21
zīliào 资料 Daten; Materialien L2
zì 字 Schriftzeichen L2
zì ... xiàng ... 自…向… von ... nach ... L1
zìjǐ 自己 selbst; selber L1
zìxíngchē 自行车 Fahrrad 11
zìmù 字幕 Untertitel 22
zǒngjī 总机 Telefonzentrale 2
zǒngliàng 总量 Gesamtzahl; Gesamtmenge L2
zòngzi 粽子 Klebreis-Imbiss, eingewickelt in Bambusoder Schilfblättern (traditionelles Imbiss-Angebot zum Drachenbootfest) 18
zǒu 走 gehen; fortgehen 2
zǔchéng 组成 bestehen aus L2
zǔguó 祖国 Vaterland L1
zǔxiān 祖先 Vorfahren; Ahnen L4
zuì 最 *Superlativ* 11
zuìdà 最大 größte; am größten L1
zuìdī 最低 niedrigst; minimal; am niedrigsten L1
zuìhòu 最后 letzt; zuletzt L1
zuìgāo 最高 höchst; am höchsten L1
zuìhǎo 最好 best; erstklassig; ausgezeichnet L11
zuìjìn 最近 vor kurzem; kürzlich; letzte Zeit 17
zuótiān 昨天 gestern 5
zuǒ 左 links GA
zuǒyòu 左右 ungefähr; etwa L2
zuò 坐 Platz nehmen; sich setzen; sitzen; fahren (mit) 1

zuòzuo 坐坐	sitzen; einen kurzen Besuch machen	17
zuò 作	als ... betrachten; als ... halten	L3
zuò 做	machen; kochen; zubereiten; sich beschäftigen; als ... dienen	16
zuòchéng 做成	zu ... machen	L9
zuòshì 做事	einer Arbeit nachgehen	L9

Bemerkungen:

1. Die Zahlen am rechten Rand zeigen die Lektionen, in denen das Wort bwz. die Wortgruppe zum ersten Mal aufgetaucht sind.

2. AS und GA sind Abkürzungen von „Chinesische Aussprache und Schrift“ bzw. „Gebräuchliche Antonyme“.

3. Die Zusammensetzung aus dem Buchstabe L und einer Zahl bezieht sich auf die jeweiligen Lesetexte.